WELCOME TO IRAN

Afshin Bakhtiar

به ایران خوش آمدید

افشین بختیار

YASSAVOLI PUBLICATIONS

بختیار، افشین، ۱۳۲۹ Bakhtiar,Afshin

به ایران خوش آمدید/ عکس افشین بختیار؛ | تدوین متن فارسی گلنار زارع ؛ ترجمه متن انگلیسی سونیا رضاپور.- - تهران یساولی،۱۳۸۴.

۱۶۸ص.: مصور.

ISBN 978-964-306-395-5 فهرست‌نویسی بر اساس اطلاعات فیپا.

Welcome To Iran . عنوان به انگلیسی:

۱. عکس‌ها-- ایران الف. زارع، گلنار. ب. رضاپور، سونیا. ج. عنوان.

چاپ ششم: ۱۳۹۴

۹ب۶ ر/ TR ۶۵۴ ۷۷۹ /۹۹۵۵

کتابخانه ملی ایران ۸۴-۲۰۲۶۷م

Welcome to Iran

@ 2006-2016 Yassavoli Publications, Tehran

Photographs: Afshin Bakhtiar
Translator: Sonia Rezapour
Persian Compiler: Golnar Zare
Producer Manager: Mahmoud Yassavoli
Lithography: Naqsh Afarin
Bazaarcheh Ketab, Enqelab Ave., 13146, Tehran, Iran.
Tel.: (9821) 66461003 Fax: (9821) 66411913
78 Karim Khan Ave., Tehran, Iran.
Tel.: (9821) 88300415 Fax: (9821) 88832038
www.yasavolishop.com / www.yassavoli.com
info@yassavoli.com
ISBN: 978-964-306-395-5

به ایران خوش آمدید

عکس: افشین بختیار
تدوین متن فارسی : گلنار زارع
ترجمه انگلیسی: سونیا رضاپور
تفکیک رنگ: فرآیند گویا
لیتوگرافی: نقش آفرین
چاپ ششم: ۱۳۹۴، رنگ پنجم
تیراژ: ۴۰۰۰ نسخه
ناشر: انتشارات یساولی
تهران: میدان انقلاب، بازارچه کتاب، تلفن: ۶۶۴۶۱۰۰۳ نمابر: ۶۶۴۱۱۹۱۳
تهران: خیابان کریم خان، پلاک ۷۸ ، تلفن: ۸۸۳۰۰۴۱۵ نمابر: ۸۸۸۳۲۰۳۸
شابک : ۹۷۸-۹۶۴-۳۰۶-۳۹۵-۵

افشین بختیار
متولد ۱۳۲۹ تهران

Afshin Bakhtiar
Born 1950, in Tehran

I had a wish to write a preface for my present book, however, it is rather difficult for me to speak or write, because I am not so involved with words as my photographs. Actually, it is very difficult to speak of a land as grand and glorious as the wideness of oceans. I wised I were a poet to put my words into verse:

"O my honored homeland, Iran,
I owe my belongings to you,
You have been a shelter to me,
I stay in you to the end of my life,
When I embrace your soil,
To feel your nice people stepping on me."

Individual Exhibitions:
1991 England 1992 Germany
1999 Syria
2000 Tehran
2001 Qatar
And displaying several group exhibitions in Iran.

***

دلم می خواست ، به عنوان پیش درآمد برای این کتابم چیزی بنویسم ، اما حرف زدن و نوشتن همیشه برایم توان فرسا بوده است چون با واژه ها آنچنان که با عکس مأنوسم ، اخت نشده ام. حقیقتاً سخن گفتن از سرزمینی که عظمت و افتخاری به فراخی اقیانوس ها را پشت سر دارد ، نه تنها آسان نیست که بسیار سخت است. ای کاش شاعر بودم و می سرودم:

"سرزمین همیشه سرافرازم ایران
هر چه دارم از تو دارم
پناهم بودی و هستی
در تو خواهم بود ، تا بمیرم
و جزئی کوچک از خاکی شوم
تا که حس کنم قدم های مردم خوبت را بر سرم"

نمایشگاه ها:
انگلستان (انفرادی)
آلمان (انفرادی)
سوریه (انفرادی)
تهران (انفرادی)
قطر (انفرادی)
و نیز برگزاری چندین نمایشگاه جمعی در ایران

فارس، تخت جمشید، سرستون شیردال (هما)
Fars, Persepolis, the Griffin Capital

پیشگفتار

کشور ایران با ۱.۶۴۸.۱۹۵ کیلومتر مربع وسعت، از غرب با عراق و ترکیه، از شمال با جمهوری های ارمنستان، آذربایجان، ترکمنستان و دریای خزر، از شرق با افغانستان و پاکستان مرز مشترک دارد.

نام پیشین ایران- پرشیا- برگرفته از شهرت تاریخی پارس یا استان فارس کنونی است و کلمه ایران از لحاظ لغوی با کلمه آرین، یا هند و اروپایی (آرینی) ریشه مشترک دارد. کشور ایران در فلاتی به ارتفاع ۱۲۰۰ متر از سطح دریا و با رشته کوه های البرز در شمال - با قله دماوند به ارتفاع ۵۶۷۰ متر- و زاگرس که از غرب تا جنوب شرقی و خلیج فارس ادامه دارد، محصور شده است. مناطق ایران آب و هوای گوناگونی دارد. در شمال و کرانه های دریای خزر آب و هوا معتدل و میزان بارندگی آن بیشتر از سایر نقاط است. آب و هوای قسمت غربی کشور مدیترانه ای، در نواحی جنوبی هوا بسیار گرم و در قسمت پست مرکزی، شرقی و جنوب شرقی ایران آب و هوای بیابانی است. دو دشت کویری، دشت لوت و دشت کویر، قسمت مهمی از بخش مرکزی ایران را در برگرفته اند. زبان رسمی کشور فارسی از ریشه هند و ایرانی است. مذهب رسمی کشور اسلام است که ۹۵ درصد ایرانیان از آن تابعیت دارند.

کشور ایران یکی از بزرگترین تولیدکنندگان نفت در جهان است.

تاریخچه ای کوتاه

فلات ایران در حدود ۱۵۰۰ قبل از میلاد محل سکونت اقوام آریایی بود که بخش کثیری از آنها را مادها و پارس ها تشکیل می دادند؛ مادها به بخش شمال غربی و پارس ها به نواحی جنوبی فلات ایران مهاجرت کردند. نخستین رهبر برجسته ایرانیان هخامنش بود. در سال ۵۵۰ ق. م. کورش هخامنشی دولت مادها را منقرض و سپس پادشاهی لیدیا را در ۵۴۶ ق. م. و بابل را در ۵۳۹ ق. م. سرنگون کرد و امپراتوری ایران را بنیان نهاد. کمبوجیه پسر وی در ۵۲۵ ق. م. مصر را تسخیر و داریوش اول (۵۲۱ ق. م.) امپراتوری ایران را از شرق تا اقیانوس هند گسترش داد و به نام داریوش کبیر شهرت یافت. با مرگ داریوش هنگام تدارک لشکرکشی به یونان، پسرش خشایارشا تصمیم به اتمام کار وی گرفت، اما طی جنگ سختی در ۴۸۰ ق. م. شکست خورد.

اسکندر مقدونی و سلسله سلوکی

یک قرن بعد اسکندر مقدونی با شکست داریوش سوم، امپراتوری ایران را به قلمرو مدیترانه ای خود افزود. پس از مرگ وی در ۳۲۳ ق. م. یکی از ژنرال های او با نام سلوکوس اول قدرت را در دست گرفت و سلسله سلوکی را بنیان نهاد. پس از چند قرن سلسله سلوکی به دست اشکانیان سرنگون شد.

سلسله ساسانی

در سال ۲۲۴ م. اردشیر بابکان، سلسله اشکانیان را سرنگون و سلسله ساسانی را بنیان نهاد. وی برای اولین بار دین زرتشت را دین رسمی کشور اعلام کرد. در ۲۴۱ میلادی شاپور اول به سلطنت رسید و طی جنگ هایی با رومیان، نواحی بسیاری از بین النهرین، سوریه و قسمت اعظم آسیای صغیر را فتح کرد و شاپور دوم (۳۷۹-۳۰۹) نیز باقی نواحی از دست رفته را باز پس گرفت. یزدگرد اول از ۳۹۹ تا ۴۲۰ میلادی در صلح و آرامش حکمرانی کرد. پس از قباد، خسرو اول و پس از او نواده اش، خسرو دوم در ۶۱۹ قلمرو ساسانی را تا دریای سیاه و مصر گسترش دادند. اما هراکلیوس امپراتور روم در سال ۶۲۷ ایرانیان را تا مرزهای خود عقب راند. آخرین پادشاه ساسانی یزدگرد سوم (۶۵۱-۶۳۲) بود.

ظهور دین اسلام

حملات مکرر اعراب به ایران در زمان ابوبکر در ۶۴۱ م.، سلسله ساسانی را پایان داد. مذهب پیشین زرتشتی گرچه بطور رسمی همچنان وجود داشت اما شمار زرتشتیان بتدریج کاهش یافت. ایران از آن پس کشوری اسلامی بود. البته فرهنگ مردم کاملاً یک جانبه نبود و آداب و رسوم باستانی ایرانی نیز وارد دین جدید شد.

ترک ها و مغول ها، سلسله صفوی

با حمله ترکان سلجوقی در قرن یازدهم، در طی چهار قرن ایران تحت تسلط سلجوقیان، مغول ها، تیمور لنگ و ترکمن ها بود. در این اوضاع آشفته، شاه اسماعیل صفوی تبریز را گرفت، سلسله صفوی را بنیان گذاشت (۱۷۲۲-۱۵۰۱) و مذهب شیعه را مذهب رسمی ایرانیان اعلام کرد. دوران حکومت شاه عباس اول به دلیل آغاز ارتباط تجاری با کمپانی انگلیسی هند شرقی جالب توجه است. در دوره شاه سلطان حسین در سال ۱۷۲۲، نیروهای شورشی محمود افغان تاج و تخت را از آن خود ساختند.

نادر شاه و مداخله اروپائیان

سلسله های زند و قاجار

دو سال بعد روسیه و ترکیه با استفاده از آشفتگی اوضاع حکومت تصمیم به اشغال ایران گرفتند. نادر قلی افشار در سال ۱۷۲۹ افغان ها را عقب راند و سپس سرزمین هایی را که روس ها و عثمانی ها تصرف کرده بودند باز پس گرفت. پس از مرگ او کریم خان زند زمام امور را به دست گرفت و شیراز را به عنوان پایتخت انتخاب کرد. پس از مرگ کریم خان، آقا محمد خان در سال ۱۷۹۴ در تهران تاجگذاری کرد و سلسله قاجار (۱۹۲۵-۱۷۹۴) را بنیان نهاد. پس از وی فتحعلی شاه در ۱۷۹۷ به سلطنت رسید. در زمان او انگلستان بر تجارت و امور مالی ایران سلطه یافت. در قرن نوزدهم و اوایل قرن بیستم نزاع روسیه و انگلستان بر سر تسلط بر ایران آغاز شد. انگلستان در سال های ۱۸۵۶ و ۱۸۵۷ با ایران وارد جنگ شد و افغانستان را از ایران جدا کرد. در طی دهه ۱۸۸۰ روس ها بتدریج شمال ایران را اشغال و انگلستان کنترل خلیج فارس را در جنوب ایران به دست گرفت. در جنگ جهانی اول (۱۹۱۸-۱۹۱۴) کشور ایران بیطرف بود اما صحنه نزاع بین بریتانیا، روسیه و ترک ها جهت کنترل صنعت نفت ایران شد.

ظهور سلسله پهلوی

جمهوری اسلامی

رضا خان پهلوی، فرمانده نیروهای قزاق ایران، در ۱۹۲۳ نخست وزیر شد و دو سال بعد با عزل احمد شاه قاجار، حکومت پهلوی را آغاز کرد. پس از وی پسرش محمد رضا پهلوی مدت ۳۹ سال سلطنت کرد. سرانجام در ۲۲ بهمن ماه سال ۱۳۵۷ طی یک انقلاب مردمی- اسلامی به رهبری امام خمینی، جمهوری اسلامی تأسیس شد.

فارس، تخت جمشید، دروازه ملل
Fars, Persepolis, the Gate of All Nations

Preface

IRAN has an area of about 630,000 sq. miles, roughly three times the size of France. It is bordered by Iraq on the west, Turkey on the north-west, Armenia, Azerbaijan, Turkmenistan and the Caspian Sea to the north, Afghanistan to the east, and Pakistan to the south-east. Its former name -Persia- derives from the historical prominence of the province called Fars or Pars, at a time when the Greeks -who called it Persis- attempted to conquer the country. And that is not the main connection between European civilization and Iran, for the word 'Iran' itself is etymologically akin to the word Aryan, or Indo-European, that family of languages embracing not only the Sanskrit family of Indian tongues, but also Greek, Latin, Italian, and most of the other languages of ancient and modern Europe and America.

Iran is one of the world's leading producers of petroleum. The country was a constitutional monarchy ruled by a shah from 1906 until 1979, when a popular uprising led by Islamic religious leaders, namely 'Imam Khomeini', resulted in the establishment of an Isamic Republic.
****

Iran is dominated by a central plateau, which is about 1200 m.(About 4000 ft) high and is almost ringed by mountain chains. In the north, paralleling the southern shore of the Caspian Sea, are the Alborz Mountains. The highest peak in Iran, Mount Damavand (5670 m./18,602 ft), is part of this mountain system. The Caspian Sea, at 28 m. below sea level, is the lowest point in Iran. Along the western border the Zagros Mountains extend south-east to the region bordering the Persian Gulf. Mountains of lower elevation lie to the east of the central plateau. Except for the relatively fertile plateaus of the northern Iranian provinces of Azerbaijan, mountain soils are thin, heavily eroded, and infertile. The narrow Caspian coastal plain, in contrast, is covered with rich brown forest soil. The only other generally flat area is the plain of Khouzestan in the west. Two great deserts extend over much of central Iran. The Dasht-e Lut is covered largely with sand and rocks, and the Dasht-e Kevir is covered mainly with salt. Both deserts are inhospitable and uninhabited. In the winter and spring small streams flow into the Dasht-e Kevir, creating little lakes and swamps. In other times of the year, both deserts are extremely arid.

کرمانشاه ، تاق بستان ، نقش برجسته ساسانی
Kermanshah, Taq-e Bostan, Sassanian Bas-relief

8

The country is divided climatically into three main regions: the extremely hot coast along the Persian Gulf and the Sea of Oman; the temperate but arid central highland; and the tableland of the intensely cold Alborz Mountains.

The official language of Iran is Modern Persian, one of the Indo-Iranian languages, a subfamily of the Indo-Iranian languages. Modern Persian emerged from Middle Persian and is written in the Arabic alphabet with many Arabic loan words. Several minority groups in Iran retain their own languages. The official religion of Iran is the Shiite branch of Islam, which is followed by more than 95 percent of the population. Sunni Muslims form about 4 percent of Iran's population, and the country also has dwindling communities of Christians, Jews, and Zoroastrians. The culture of Iran is heavily influenced by the Muslim religion, as is evident in the art, literature, and social structure of the country.

A Brief History

The Iranian plateau was settled about 1500 BC by Aryan tribes, the most important of which were the Medes, who occupied the north-western portion, and the Persians, who emigrated from Parsua, a land west of Lake Orumiyeh, into the southern region of the plateau, which they named Parsumash. The first prominent leader of the Persians was the warrior chief Hakhamanesh, or Achaemenes, who lived about 681 BC. The Persians were dominated by the Medes until the accession to the Persian throne in 550 BC of Cyrus the Great. He overthrew the Median rulers, conquered the kingdom of Lydia in 546 BC and that of Babylonia in 539 BC and established the Persian Empire as the preeminent power of the world. His son and successor, Cambyses II, extended the Persian realm even further by conquering the Egyptians in 525 BC. Darius I, who ascended the throne in 521 BC, pushed the Persian borders as far eastward as the Indus River, had a canal constructed from the Nile to the Red Sea, and reorganized the entire empire, earning the title Darius the Great. From 499 to 493 BC he engaged in crushing a revolt of the Ionian Greeks living under Persian rule in Asia, and then launched a punitive campaign against the European Greeks for supporting the rebels. His forces were disastrously defeated by the Greeks at the historic Battle of Marathon in 490 BC. Darius died while preparing a new expedition against the Greeks; his son and successor, Xerxes I, attempted to fulfill his plan but met defeat in the great sea engagement a battle in 480 BC and in two successive land battles in the following year. The forays of Xerxes were the last notable attempt at expansion of the Persian Empire. During the reign of Artaxerxes I, the second son of Xerxes, the Egyptians revolted, aided by the Greeks; although the revolt was finally suppressed in 446 BC, it signaled the first major assault against, and the beginning of the decline of the Persian Empire.

Alexander and the Seleucids

Many revolts took place in the next century; the final blow was struck by Alexander, who added the Persian Empire to his own Mediterranean realm by defeating the troops of Darius III in a series of battles between 334 and 331 BC. Alexander effected a temporary integration of the Persians into his empire by enlisting large numbers of Persian soldiers in his armies and by causing all his high officers, who were Macedonians, to wed Persian wives. His death in 323 BC was followed by a long struggle among his generals for the Persian throne. The victor in this contest was Seleucus I, who, after conquering the rich kingdom of Babylon in 312 BC, annexed thereto all the former Persian realm as far east as the Indus River, as well as Syria and Asia Minor, and founded the Seleucid dynasty. For more than five centuries thereafter, Persia remained a subordinate unit within this great realm, which, after the overthrow of the Seleucids in the 2nd century BC, became the Parthian Empire.

The Sassanids

In AD 224 Artaxerxes I (Ardeshir I), a Persian vassal-king, rebelled against the Parthians, defeated them in the Battle of Hormuz, and founded a new Persian dynasty, that of the Sassanids. He then conquered several minor neighboring kingdoms, invaded India, levying heavy tribute from the rulers of the Punjab, and conquered Armenia. A particularly significant accomplishment of his

Reign was the establishment of Zoroastrianism as the official religion of Persia. Ardeshir was succeeded in 241 by his son Shapur I, who waged two successive wars against the Roman Empire, conquering territories in Mesopotamia and Syria and a large area in Asia Minor. Shapur II (ruled 309-379) regained the lost territories, however, in three successive wars with the Romans. The next ruler of note was Yazdegerd I, who reigned in peace from 399 to 420; he at first allowed the Persian Christians freedom of worship and may even have contemplated becoming a Christian himself, but he later returned to the Zoroastrianism of his forebears and launched a four-year campaign of ruthless persecution against the Christians. After Kavad, Khosrow I, extended his sway to the Black Sea and the Caucasus. His grandson Khosrow II reigned from 590 to 628; in 619 he had conquered almost all southwestern Asia Minor and Egypt. Further expansion was prevented by the Byzantine emperor Heraclius, who between 622 and 627 drove the Persians back within their original borders. The last of the Sassanid kings was Yazdegerd III, during whose reign (632-651) the Arabs invaded Persia, destroyed all resistance, gradually replaced Zoroastrianism with Islam, and incorporated Persia into the caliphate.

Rise of Islam

The fall of the Sassanid Empire to Muslim Arabs in 641 changed Iran for all time. The lands were incorporated into the caliphate, ruled at first from Medina and later from Damascus and Baghdad. The old Zoroastrian religion, although officially tolerated by the new Muslim rulers, could not withstand the force, backed by the state authority, of the new Muslim faith; except for a few thousand adherents, who have persisted even to the present, the number of Zoroastrians gradually decreased, and the religion virtually disappeared. Iran was henceforth a Muslim country.

Cultural influences, however, were not all one-sided; the old Iranian traditions also exerted their fascination over the new rulers. The Umayyad caliphs at Damascus imitated Sassanid court etiquette, and the succeeding Abbasids at Bagdad were even more enmeshed, giving up the modest Arab ways of the desert for the luxury of Eastern palace life.

تهران، کاخ گلستان، کاشی هفت رنگ

Tehran, Golestan Palace, "haft rangi" tiles

Turks and Mongols, Safavids

In the mid-11th century Iran was conquered by the Seljuq Turks under Togrul Beg, and during the ensuing four centuries, it was dominated successively by the Seljuqs, the Mongols under Genghis Khan, the Turkic conqueror Tamerlane, and the Turkmens. The rule of the Turkmens was overthrown by Isma'il I, who claimed descent from Ali, the fourth caliph. He was regarded as a saint by the Iranians and proclaimed himself shah, marking the founding of the Safavid dynasty, which governed Iran from

1501 to 1722, and the establishment of the Shiite doctrine as the official Iranian religion. Isma'il's reign marked the beginning of a conflict with Ottoman Turkey that lasted more than a century and led to the capture of Baghdad in 1623 by Shah Abbas I, the greatest of the Safavid rulers. The reign of Abbas is also notable for the commencement of trade with the English East India Company. During the century following his reign, Iran steadily declined, and in 1722 Iran was conquered by an Afghan army under Mir Mahmoud and the Safavids were overthrown.

Nader and European Intervention
Zand and Qajar dynasty

Two years later Russia and Turkey, taking advantage of the confusion within Iran, concluded an agreement for its dismemberment. Within those provinces not seized by the two powers, an Iranian national army was formed under a warrior chief who drove out the Afghans in 1729 and ascended the throne in 1736 as Nader Shah. Two years later he invaded India, capturing and sacking Delhi in 1739. Russia, meanwhile, had evacuated its Iranian conquests, and Nader later succeeded in freeing Iran from all foreign occupation by driving out the Turks. His death in 1747 was followed by a period of relative peace and prosperity during the Zand dynasty, which ended in 1794, when Aqa Mohammad Khan, a cruel ruler, proclaimed himself shah and founded the Qajar dynasty, which lasted from 1794 to 1925. Mohammad Khan was succeeded in 1797 by his nephew Fath-Ali Shah, during whose reign the British were allowed to extend their influence over Iranian trade and finances. The 19th and early 20th centuries were marked by the struggle between Britain and Russia for control in Iran. The British warred against and defeated the Iranians in 1856 and 1857 and compelled them to evacuate Afghanistan and to recognize its independence. During the 1880s the Russians gradually established a sphere of influence in northern Iran, and Britain gained control in the Persian Gulf area. Iran was neutral during World War I (1914-1918), but was the site of several battles between British and Russian allies and the Turks over the control of its oil fields. In 1919 Iran signed an agreement whereby Britain was to exercise controlling influence in Iranian affairs, but the Parliament(*Majlis*) refused to ratify it. Two years later the British began to withdraw their forces from the country.

Pahlavi Dynasty
Islamic Republic

Reza Khan Pahlavi, commander of an Iranian Cossack force, became prime minister in 1923 and two years later was elected shah by the Majlis, which had deposed Ahmad Shah, the last of the Qajar dynasty. Reza Khan was succeeded by his son, Mohammad Reza Pahlavi. Mohammad Reza Pahlavi ruled Iran for over 38 years, until the victory of the Islamic Revolution in January 1979.

تهران، کاخ سبز
Tehran, Green Palace

Tehran : Tehran province with an area of 19,195 sq. km. contains a population of 12 millions, which gather mainly in Tehran, capital and the main city. Other main cities of the province are Karaj, Rey, Varamin, Hashtgerd, and Firouzkuh. Two hundred years have passed since Tehran was chosen to be the capital city of Iran. The new modern Tehran is pretty different from that of old times; it is a new city with high residential and commercial buildings and skyscrapers, ancient and modern historical places to see, busy streets, and a city ever live and ever awoke.

تهران: استان تهران با مساحتی حدود ۱۹٫۱۹۵ کیلومتر مربع، جمعیتی بالغ بر ۱۲ میلیون نفر را در خود جای داده است. شهر تهران که مرکز استان و پایتخت ایران است، قسمت اعظم این جمعیت را در بر می گیرد. از دیگر شهرهای مهم این استان می توان کرج، ری، ورامین، هشتگرد و فیروزکوه را نام برد.

از زمانی که تهران به عنوان پایتخت انتخاب شد تا کنون حدود ۲۰۰ سال می گذرد و در طول این سال ها تهران حوادث تاریخی مهمی را پشت سر گذاشته است.

چهره تهران کنونی با تهران قدیم و حتی تهران دو دهه قبل نیز بسیار متفاوت است. تهران امروز شهری است با ساختمان ها و برج های مسکونی و تجاری، مناطق دیدنی تاریخی و معاصر، خیابان های شلوغ و پر جنب و جوش و شهری زنده و همیشه بیدار.

تهران، کاخ گلستان، ایوان مرمر
Tehran, Golestan Palace, Iwan-e Marmar

Golestan Palace: During the reign of the Safavid Shah Abbas I, a vast garden called Chahar Bagh, a governmental residence and a Chenaristan, (a grove of plane trees), were created on the present site of the Golestan Palace and its surroundings. Then, Karim Khan Zand (1749-1779 AD) ordered the construction of a citadel, a rampart and a number of towers in the same area.

In the Qajar period, the eastern part of the royal garden was extended and some other palaces were built around the garden, called the Golestan Garden.

کاخ گلستان: در زمان شاه عباس اول صفوی چهار باغ و عمارت دیوانی و چنارستانی در محل کنونی کاخ گلستان و اطراف آن احداث شد، تا اینکه کریم خان (۱۱۹۳ - ۱۱۶۳ هجری قمری) در همین ناحیه اقدام به ساخت ارگ و حصار و برج هایی برای آن کرد.

به تدریج در دوران قاجار بناهای دیگری در درون ارگ ساخته شده، چنانکه در سال ۱۲۶۸ هجری قمری مطابق با پنجمین سال سلطنت ناصرالدین شاه قسمت شرقی باغ سلطنتی را وسعت دادند و نیز کاخ های دیگری در اطراف باغ مزبور که به نام گلستان خوانده می شد، بنا نهادند.

تهران، کاخ سبز
Tehran, Green Palace

تهران، کاخ سبز
Tehran, Green Palace

تهران، کاخ سبز، تزیینات سقف
Tehran, ceiling of the Green Palace

تهران ، نمایی از بلوار کشاورز
Tehran, a view of the Keshavarz Blvd.

تهران، ميدان وليعصر
Tehran, Vali Asr Square

سیزده بدر در پارک های تهران
Going on Sizdah Bedar in Tehran parks

Modern Tehran: Tehran, capital and largest city of Iran, is located in the northern part of the country. It is Iran's administrative, economic, and cultural center as well as the major industrial and transportation center of the region. Despite being a creation of early twentieth century, the present-day Tehran is becoming an established highlight on the foreign tourist's itinerary.

تهران مدرن: با آنکه کاخ های بی همتای دوره قاجار و پهلوی یکی از جلوه های تهران به شمار می رود، اما تهران کنونی با تهران زمان قاجار فاصله زیادی گرفته است. در هر دوره این شهر به گونه ای دیگر مرکز توجه بوده و با هر پویشی پایتخت ایران چهره جدیدی به خود گرفته است. در دوران پهلوی نیز با موج جدید شهرنشینی و مهاجرت بیشتر از روستاها و شهرستان ها ضرورت مدرنیزه شدن سیستم شهرسازی خود را نشان داد. بعد از انقلاب و به خصوص در دوران جنگ تحمیلی وقفه ای در این امر ایجاد شد. اما بعد از جنگ با آهنگ سریع تری احداث برج های مسکونی و تجاری و اتوبان هایی که چون شاهرگ هایی سراسر این کلان شهر را به یکدیگر پیوند می دهد، به تهران جلوه ای دیگر بخشید.

تهران، نمایی از بلوار کشاورز
Tehran, a view of the Keshavarz Blvd.

تهران، بزرگراه مدرس
Tehran, Modarres highway

تهران، مشاء، پاراگلایدینگ
Tehran, Mosha', paragliding

24

تهران، قله دماوند
Tehran, Damavand peak

گیلان، اسالم، جنگل شفارود
Gilan, Asalem, Shafarud Forest

گیلان، شالیزارهای لیسار
Gilan, Lisar rice paddies

Gilan & Mazandaran: Mazandaran in north and Gilan in northwestern Iran, consist of lowland alongside the Caspian Sea and upland along the northern slopes of the Alborz Mountains. Rasht the capital and commercial center of Gilan and Sari the capital of Mazandaran, are linked to Qazvin, Tehran, and other coastal ports by road.

The two provinces are surrounded by rice paddies and tea plantations, and areas of half-cleared jungle. Fishing is the people's main occupation. The climate is permanently subtropical and humid during summers. The thatched, wooden houses with wide verandahs, often built on stilts, are typical of the Caspian areas.

Masouleh Village: Of all the traditional and unspoiled mountain villages in the Caspian Province of Gilan, Masouleh rates as the most breathtakingly beautiful ones. It is a cool village not far from Rasht, formed by several irregular levels of terraced cream houses, appears to have grown out of its surroundings. The slope is so steep that there is not even a network of alleys, however the flat roofs of many houses form a pathway for the level above.

گیلان و مازندران: استان های گیلان و مازندران، در شمال ایران، پهنه ای به وسعت تقریبی ۳۷,۷۸۵ کیلومتر مربع از سواحل دریای خزر و دامنه های رشته کوه البرز را شامل می شوند. این منطقه سرسبز و زیبا، دارای آب و هوای معتدل خزری است و در هر فصلی جذابیت های خاص خود را دارد. هر دو استان بسیار حاصلخیز بوده و معروف ترین محصولات آنها برنج، چای، ابریشم، انواع چوب، فرآورده های حیوانی و زیتون می باشد.

شهر رشت مرکز استان گیلان و شهر ساری مرکز استان مازندران است. این منطقه از لحاظ گردشگری نیز موقعیت ویژه ای داشته و بیشتر شهرهای آن برای مسافران شناخته شده است. شهرهایی مانند چالوس، رامسر، بندرانزلی، آستارا و فومن، ماسوله و طوالش از جمله این شهرها می باشند.

روستای ماسوله: با خروج از شهر رشت و پشت سر گذاشتن فومن و جاده های زیبا و پر فراز و نشیب آن دورنمایی از دهکده ماسوله نمایان می شود. معماری این دهکده با منطقه کوهستانی گیلان ارتباط نزدیک داشته و خانه ها بر روی صخره های دامنه کوه ساخته شده اند. بام و حیاط خانه ها از یکدیگر تفکیک ناپذیر هستند و گویی بام هر خانه، حیاط خانهٔ بالا دست است؛ تا در خنکای عصرگاهی، هم پذیرای خستگی کار روزانه باشد و هم زنان دستباف هایشان را برای عرضه در بازار آماده سازند.

27

شمال ایران، خانه‌های روستایی
Northern Iran, rural houses

پل خشتی لنگرود
Langroud, brick bridge

گیلان، جاده اسالم به خلخال
Gilan, Asalem-Khalkhal Road

گیلان ، بندرانزلی
Gilan, Anzali port

مازندران، هتل رامسر
Mazandaran, Ramsar Hotel

Ramsar: It is the bathing resort of the Caspian, and by far the most beautiful site of the whole coast. Wooded hills roll down nearly to the beach itself while the powerful outlines of the Alborz mountain range form an impressive background. The thin coastal strip is covered with rich vegetation including palm and orange-trees among the flower-beds.

Ramsar's two luxury hotels are set on two neighboring terraces looking out upon a restful landscape. The oldest hotel has old-fashioned charm: extraordinary cast-iron statues covered with aluminum paint produce a wildly rococo effect. The new hotel forms a large white splash amidst the greenery. A long alley of palm-trees leads from the hotels to the beach.

رامسر: در غربی ترین منطقه استان مازندران، شهر رامسر درمیان دامنه پوشیده از جنگل البرز و ساحل زیبای خزر، چون زمردی می درخشد. این شهر سرسبز با پیشینه تاریخی خود، هم اکنون نیز یکی از مناطق گردشگری معروف برای مسافران ایرانی و خارجی به شمار می رود و از هتل های مجهز و امکانات جهانگردی مناسبی برخوردار است. از دیدنی ترین مناطق رامسر می توان به چشمه های آب گرم، هتل قدیم رامسر، قلعه باستانی مارکوه و طبیعت زیبای جواهر ده اشاره کرد.

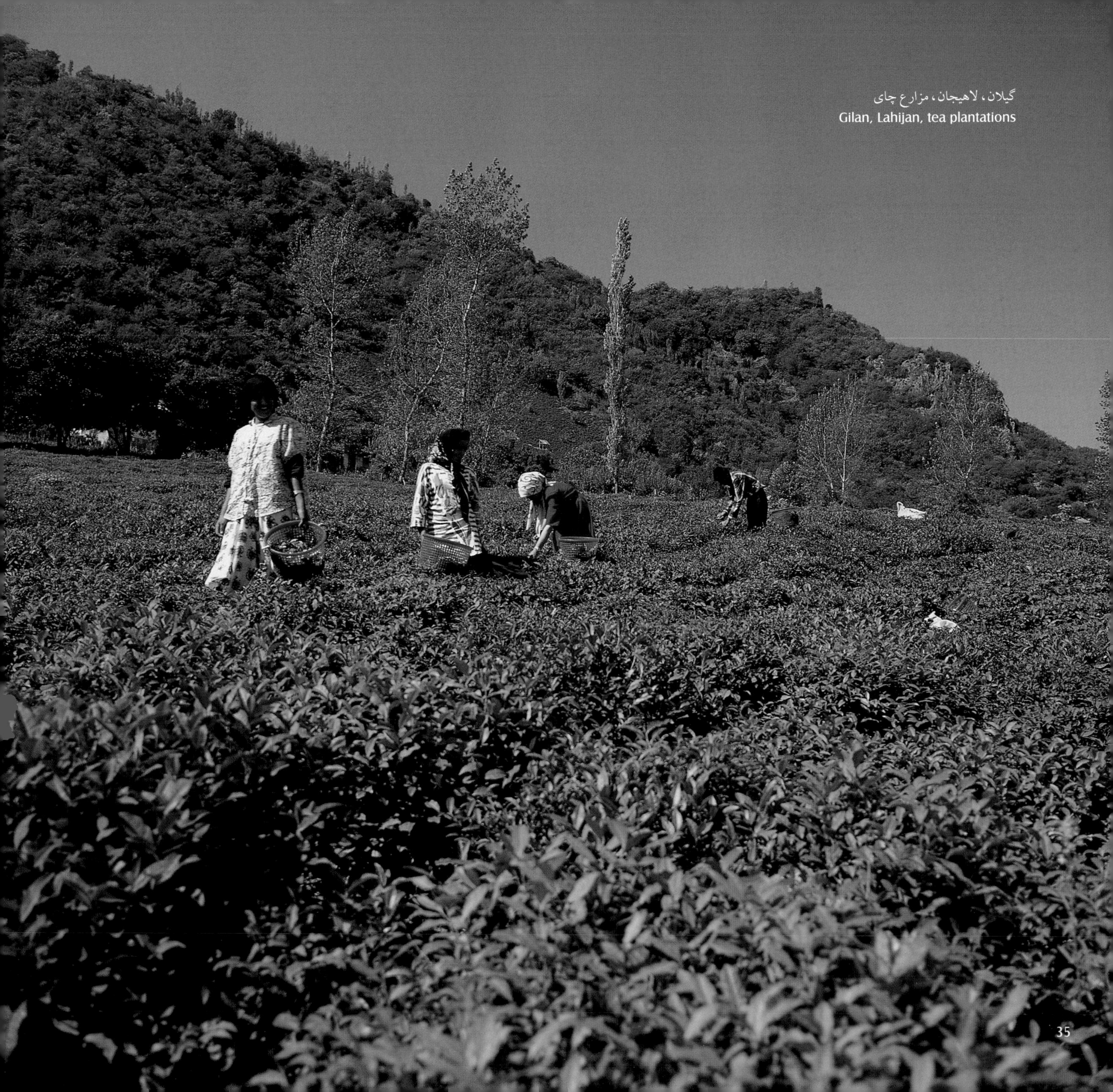

گیلان، لاهیجان، مزارع چای
Gilan, Lahijan, tea plantations

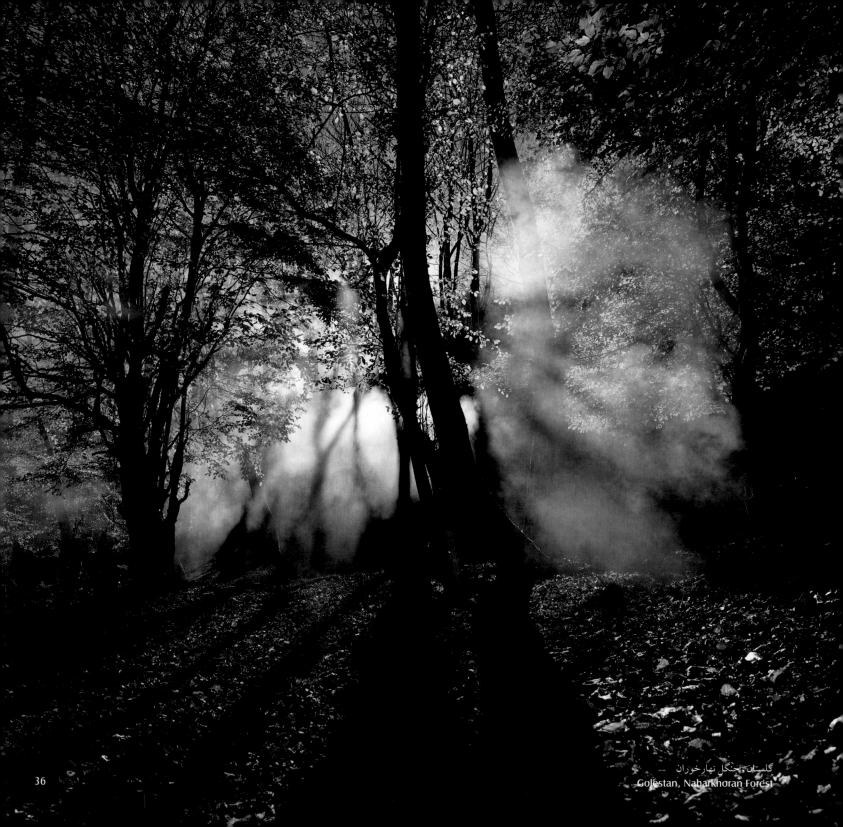

گلستان ، جنگل نهارخوران
Golestan, Naharkhoran Forest

Golestan: This new province was created as a result of the division of Mazandaran province into two smaller administrative units. It is located to the north of Semnan and east of Mazandaran provinces, and the population is largely Turkman. Its climate varies greatly under the influence of a number of geographical factors such as the altitude, latitude, trend of Alborz mountains, distance from the sea, Turkman Sahra (Turkman Desert), Siberian plain to the north of Russia, local and regional winds, displacement of northern and western air masses, as well as the dense forests.

Gonbad-e Kavous, Gonbad-e Qabus: The tower known as the Gonbad-e Qabus (the Dome of Qabus, or Mil-e Gonbad, as the tower is known locally) inside a large, beautiful, and modern park, is a conspicuous landmark for more than 30 km. around and was used as such a landmark by the travelers of Islamic period. Built on top of a 15-m high mound, this tower rises 55 meters above an artificial hillock (altogether amounting to 70 meters). The height of conical dome itself is 18 meters. The height of the brick body is 37 meters. On the interior portal of the tower, inside the crescent-shaped arch of the entrance to the south, there is a stalactite cornice which represents the early stages of the development of this kind of architectural and plaster decoration.

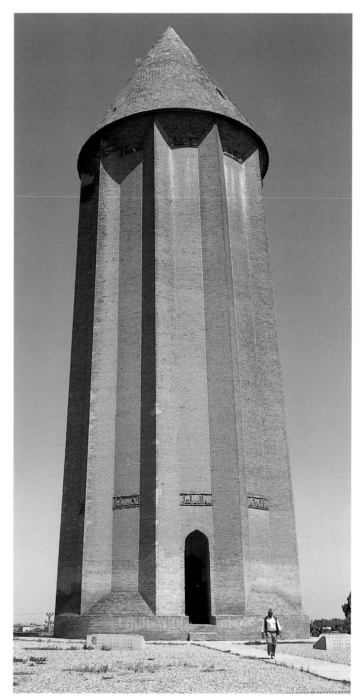

گلستان: استان گلستان از تقسیم استان مازندران به دو بخش کوچک تر به وجود آمده است. این استان از شمال به جمهوری ترکمنستان، از شرق به استان خراسان، از جنوب به استان سمنان و از غرب به دریای خزر و استان مازندران محدود می شود. آب و هوای این استان تحت تأثیر یک سری عوامل طبیعی مانند طول و عرض جغرافیایی، رشته کوه های البرز، فاصله آن از دریا، صحرای ترکمن، دشت سیبری در شمال روسیه، بادهای محلی، جنگل های انبوه و... قرار داشته و دشت سرسبز گرگان، بین کویر و کوه ها، یک خط مرزی بین منطقه روستایی و شهری ایجاد کرده است. گرگان یا استرآباد قدیم با تاریخچه طولانی اش همیشه محل عبور کاروان ها و بازار اصلی برای بومیان ترکمن بوده و هنوز اکثر ساکنین آن ترکمن هستند. از آثار دیدنی این استان می توان به گنبد قابوس، آبشار لوه، منطقه جنگلی نهارخوران، برج رادکان، ترنج تپه و... اشاره کرد.

گلستان، گنبد کاووس، آرامگاه قابوس بن وشمگیر: شمس المعالی سلطان قابوس بن وشمگیر زیاری، این بنای آجری را در سال ۳۹۷ هجری قمری جهت آرامگاه خود بنا کرد. وی در آن روزگار فرمانروای گرگان و مردی هنرمند، شجاع و دوستدار علم و هنر بود. کتاب معروف "قابوسنامه" اثر این دانشمند بزرگ است.

گلستان، گنبد کاووس، مقبره قابوس بن وشمگیر
Golestan, Gonbad-e Kavous, Qabus Dome

خراسان، مشهد، گنبد حرم امام رضا (ع)
Khorasan, Mashhad, the golden dome of the Imam Reza's Shrine

مشهد، بارگاه امام رضا(ع)
Mashhad, Shrine of Imam Reza

Khorasan: the historical region of Khorasan, once the largest province in Iran, is now divided into three adjacent provinces namely Northern, Razavi, and Southern Khorasans. The capital of the Northern Khorasan, 27,781 sq. km. in area, is Bojnourd and its other notable cities include Esfarayen, Shirvan, Jajarm, and Ashkhaneh. The capital of the Razavi Khorsan, 144,802 sq. km. in area, is Mashhad and its other major cities are Qouchan, Fariman, Torbat-e Jam, and Naishabour. The capital of the Southern Khorasan, 75,034 sq. km. in area, is Birjand, and its major cities are Sar-Bisheh, and Nahbandan.

The Holy Shrine of Imam Reza: The shrine was built on the site of the village of Sanabad where the eighth Shi'ite Imam Reza, died after eating poisoned grapes in AD 817. The original mausoleum over Imam Reza's tomb was destroyed by Saboktagin but rebuilt by Mahmoud of Ghazni in AD 1009. It was later covered with tiles but the Mongols sacked the city in AD 1220, and most of the oldest part of the sacred complex now dated from the 14th century restoration by Oljaitu Khodabandeh.

خراسان: استان خراسان در سابق وسیع ترین استان کشور محسوب می شد که با تقسیمات جدید کشوری به سه استان شمالی، رضوی و جنوبی تقسیم شده است.
مساحت خراسان شمالی حدود ۲۷,۷۸۱ کیلومتر مربع و مرکز آن شهر بجنورد است. شهرهای مهم این استان شامل اسفراین، شیروان، جاجرم و آشخانه می شود.
مساحت خراسان رضوی حدود ۱۴۴,۸۰۲ کیلومتر مربع و مرکز آن شهر مشهد است. مهمترین شهرهای این استان قوچان، فریمان، تربت جام و نیشابور بوده و مناطق دیدنی استان شامل آستان حضرت امام رضا (ع)، کوه سنگی، پارک وکیل آباد، خواجه ربیع، گنبد سبز، آرامگاه فردوسی، شاندیز و چشمه گیلاس می شود.
مساحت خراسان جنوبی ۷۵,۰۳۴ کیلومتر مربع، مرکز آن شهر بیرجند و شهرهای مهم استان عبارت از سربیشه و نهبندان است.

حرم حضرت امام رضا(ع): این حرم از باشکوه ترین بناهای مقدس و تاریخی ایران به شمار می آید. این بنای تاریخی در دوره های مختلف بازسازی و مرمت شده و یا به محدوده آن اضافه شده است. گلدسته های طلایی که بر روی ایوان عباسی و جنوبی قرار دارند، از زمان شاه طهماسب صفوی و نادر شاه افشار به جا مانده و مسجد گوهرشاد در دوره تیموریان به محدوده حرم اضافه شده است.

مشهد، حرم امام رضا (ع)
Mashhad, Shrine of Imam Reza

مشهد، بارگاه امام رضا (ع)
Mashhad, Shrine of Imam Reza

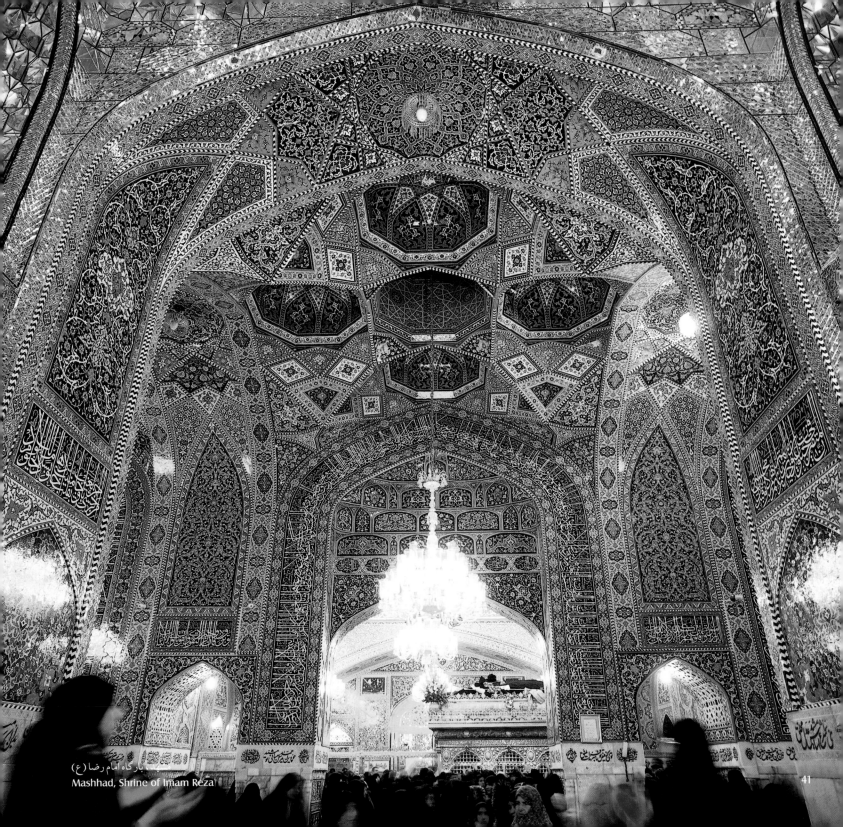

خراسان، توس، آرامگاه فردوسی
Khorasan, Tus, Tomb of Ferdowsi

خراسان، نیشابور، آرامگاه خیام
Khorasan, Naishabour, Tomb of Khayyam

Naishabour, Tomb of Omar Khayyam: Omar Khayyam pursued at the same time brilliant and original research in the fields of mathematics and astronomy until his death in 1131 AH. Floating above his simple tomb of gray stone is an umbrella of pastel-colored tile inscribed with Khayyam's poetry. This unusual memorial was designed in 1934 by the Iranian architect Seihoun.

نیشابور، آرامگاه خیام: حکیم عمر خیام نیشابوری، فیلسوف، ریاضی دان، منجم و شاعر ایرانی در اواخر قرن پنجم و اوایل قرن ششم هـ.ق. می زیسته است. یکی از دیدنی ترین باغ های ایرانی، باغی است که مقبره حکیم عمر خیام در آن قرار دارد، این باغ متعلق به وی بوده و بنا به وصیت خود او در آنجا به خاک سپرده شده است. در سال ۱۳۴۱ هـ.ش. انجمن آثار ملی، بنای یادبود او را بر روی آرامگاهش ساخت.

43

نیشابور، آرامگاه کمال‌الملک

Naishabour, Tomb of Kamal-ol Molk

سیستان و بلوچستان، چابهار، مسجد جامع تیس
Sistan & Bluchestan, Chabahar, Tis Jame' Mosque

سیستان و بلوچستان، نوازندگان بلوچ
Sistan & Bluchestan, Baluchi musicians

Sistan & Baluchestan: Zahedan, the capital, is a new, border town that is linked by several flights weekly to Tehran via Mashhad or Kerman. There are a number of as yet unidentified prehistoric mounds and ruined castles in the picturesque Baluch hills and valleys south of Zahedan, notably at Sarbaz, Kalat where there are no less than three forts with shreds dating from Sassanian to Safavid periods. One can, however, drive to Bampur where there is a citadel and a prehistoric mound, close to Iranshahr, one of the hottest places in Iran, over a road through some wildly beautiful country.

The road goes via Khash, 194 km., passing at about 83 km., near the village of Dehak, a track to the east, which joins the main road into Pakistan. Camel scrub desert and low hills give way to a gradual pass about 2,100 m. high through a tangle of mountains not far from the active, twin-coned volcano of Taftan mountain to the east which is 4,043 m. high and larger than the Mount Etna.

سیستان و بلوچستان: استان سیستان و بلوچستان با وسعتی حدود ۱۷۸٬۴۳۱ کیلومتر مربع، در جنوب شرقی ایران قرار دارد و پس از کرمان دومین استان پهناور ایران است. این استان از شرق با کشور پاکستان و افغانستان همجوار بوده و از جنوب، سواحل شمالی دریای عمان را شامل می‌شود.

ارتفاعات سیستان و بلوچستان جزو رشته کوه‌های مرزی ایران است. آب و هوای این استان خاص این منطقه از ایران است و پدیده‌هایی چون بادهای شدید موسمی، طوفان شن و رگبارهای سیل آسای این استان به ندرت در مناطق دیگر ایران دیده می‌شوند.

پیشینه تاریخی این استان به گذشته‌های بسیار دور بازمی گردد و آثار باقیمانده از آن دوران مانند روستای تیس، شهر سوخته، کوه خواجه و قلعه سه کوهه شاهدی بر این ادعا است. شهر زاهدان مرکز استان سیستان و بلوچستان است و بازارهای زیبا و رنگارنگ آن، این شهر مرزی را دیدنی تر می‌کند.

همچنین شهرهای ایرانشهر، چابهار، خاش، زابل و سراوان از مهمترین شهرهای این استان هستند.

48

کرمان، گنبد جبلیه
Kerman, Jabaliyeh Dome

کرمان، ماهان، نمای خارجی بقعه شاه نعمت الله ولی
Kerman, Mahan, Shah Ne'matollah Vali Mausoleum

Kerman: Kerman province has an area of 181,714 sq. km. and is bounded by the provinces of Sistan & Baluchestan on the west, Yazd on the north, and Khorasan on the northeast. It includes the southern part of the central Iranian desert, the Dasht-e Lut. The southern Lut desert is relatively dry and unsalted, while in the east are sand dunes and in the west, wind-carved ridges 55-70 m. high, called *kalut*. Elsewhere are wind-eroded cuestas, locally called *shahr-e lut*. Chains of mountains stretch north-west–south-east across much of the province; Mt. Laleh Zar (4,351 m.) and Hazaran Mountain (4,465 m.) are extinct volcanoes. The Halil-Rud river is the only river of importance. In the lowest depressions, the dry heat of summer is un-surpassed anywhere in the world, but most of the upland valleys enjoy a pleasant climate.

The hills are now almost bare; settlement and cultivation are patchy because of the scarcity of water and occur in scattered oases and in the foothills of low interior mountain chains. The upland regions produce cereals, cotton, sugar beets, oilseeds, fruit, and vegetables. In the warm region below 3,600-4,500 ft, rice, corn (maize), henna, and fruits are grown. Kerman exports a large percentage of the world's pistachios. Gum tragacanth is also gathered. Animal products are chiefly wool and *kork*, a kind of soft wool used in Kerman shawls. The province is rich in minerals such as copper, coal, chromium, lead, zinc, uranium, and aluminum, but difficulty of access has restricted mining on a large scale. Springs of crude oil have been found in the Kerman region. A gas pipeline from Bandar Abbas to Kerman and a network for the transmission of electricity have helped the development of industry in the province. Besides Kerman, the other towns of note are Baft, Bam, Rafsanjan, Shahr-e Babak, and Isma'ilabad.

کرمان: استان کرمان با مساحتی بیش از ۱۸۱،۷۱۴ کیلومتر مربع پهناورترین استان ایران است. این استان در جنوب شرقی ایران و در مجاورت استان های فارس، یزد، خراسان، سیستان و بلوچستان و هرمزگان قرار دارد.

کرمان یا ایالت کارمانیا با پیشینه طولانی خود همواره نقش فعالی در تاریخ پرفراز و نشیب ایران داشته و به همین سبب بخشی از دیدنی ترین اماکن تاریخی ایران مانند ارگ بم، حمام گنجعلی خان، گنبد جبلیه، مقبره شاه نعمت الله ولی و گنبد مشتاقیه در این استان واقع شده است.

شهر کرمان مرکز این استان است و شهرهای مهم آن شامل بافت، بردسیر، بم، جیرفت، رفسنجان، سیرجان، شهربابک و ماهان می شود.

50 کرمان، ماهان، آرامگاه شاه نعمت الله ولی
Kerman, Mahan, Shah Ne'matollah Vali Mausoleum

ماهان، عمارت باغ شازده

Mahan, the edifice of Shazdeh Garden

يزد، مسجد جامع كبير
Yazd, Jame' Mosque

52

یزد، استودان زرتشتیان

Yazd, Zoroastrians' Ostoudan (the place where they burn their deaths' bones)

Yazd: city in central Iran, is an important manufacturing center with cotton, silk, and wool textile mills; a steel plant, a factory making water purification and filtration equipment; carpet-weaving work-shops; and food-processing enterprises. Mines near the city produce iron, lead, uranium, and zinc ore, as well as various minerals. Despite the extreme aridity of the area, nearby villages rely on a unique system of underground irrigation channels to produce wheat, barley, cotton, oilseeds, indigo, mulberry trees (for silk worms), fruits, almonds, and vegetables.

Yazd, Jame' Mosque: The original construction of this Jame' Mosque is attributed to the 12th century AD, but the present mosque belongs to the Mozaffarid period, 14th and 15th century AD. Among its artistic and architectural achievements are: its majestic and lofty portal, beautifully constructed and tile-decorated, two superb portal minarets, fine tile ornamentations, and two exquisite inscriptions, one of brick and in *Kufic* calligraphy, and the other, in white *Thulth* characters set upon an azure background of mosaic tile. The mosaic tile decorations covering both the interior and the exterior faces of the cupola are extremely valuable and attractive. Similarly, there are beautiful tile-works, and an inscription in *Thulth* characters, and in mosaic tile, on the interior and exterior facades of the main *iwan*.

The most important decorative achievement is to be found in the *mihrab*, which is superbly ornamented with mosaic tile designs and stalactites in several rows.

The tile work has recently been skillfully restored and a modern library built to house the mosque's valuable collection of books and manuscripts.

یزد: استان یزد با وسعتی حدود ۱۲۸،۸۱۱ کیلومتر مربع مساحت و ارتفاع حدود ۱۲۱۵ متر از سطح دریا جزو مناطق گرم و خشک و کویری ایران به شمار می آید.
شهر یزد مرکز این استان و از شهرهای قدیمی، با معماری ویژه کویری است و بادگیرهای زیبای آن شهرت جهانی دارند. از مناطق دیدنی این شهر می توان به مجموعه تاریخی میرچخماق، آتشکده زرتشتیان و مسجد جامع اشاره کرد.

یزد، مسجد جامع کبیر: ساختمان اصلی مسجد جامع یزد را متعلق به قرن ششم هجری قمری می دانند، لیکن مسجد جامع کنونی مربوط به زمان آل مظفر و قرن هشتم و نهم هجری قمری است. ساخت وتزئینات کاشیکاری دو منار زیبا و سردر بلند و با شکوه آن از جلوه های هنر و معماری به شمار می رود و دو کتیبه نفیس، یکی به خط کوفی آجری و دیگری به خط ثلث سفید بر روی کاشی لاجوردی معرق از امتیازات این مسجد است.

55

یزد، بادگیر باغ دولت‌آباد
Yazd, wind tower "bad-gir" of Dowlatabad Garden

یزد، ابرکوه، سرو ۵۰۰۰ ساله -
Yazd, Abarkuh, the 5000-year-old cypress

فارس، تخت جمشید، نمایی از دروازه ملل
Fars, Persepolis, a view of the Gate of All Nations

فارس ، تخت جمشید ، نقش برجسته هخامنشی
Fars, Persepolis, Achaemenian bas-reliefs

Fars: The ancient region, known as Pars, or Persis, is in the south-central Iran. It was the heart of the Achaemenian Empire (559-330 BC), which was founded by Cyrus the Great and had its capital at Pasargadae. Darius I moved the capital to nearby Persepolis in the late 6th or early 5th century BC. Alexander defeated the Achaemenian army at Arbela in 331 and burned Persepolis. Persis (Fars) became part of the Seleucid kingdom in 312 after Alexander's death. The Parthian empire (247 BC-AD224) of the Arsacids (corresponding roughly to the modern province of Khorasan in Iran) replaced the rule of the Seleucids in Persis during 170-138 BC. The Sassanid empire (224-651 AD) had its capital at Istakhr. Not until the 18th century, under the Zand dynasty (1750-79 AD) of southern Iran, did Fars again became the heart of an empire, this time with its capital at Shiraz. The terrain of Fars is composed mostly of ridges that are prolongations of the Zagros Mountains. Agriculture and the herding of sheep are important occupations, while carpet weaving still continues. The discovery of oil and natural-gas fields in the region stimulated industrial development.

فارس: استان فارس از استان های جنوبی ایران و از موقعیتی تعیین کننده در تاریخ ایران برخوردار بوده است. سرزمین پهناور "پارس" از باستانی ترین مراکز فرهنگ و تمدن بشری و مقر حکومت چند سلسله بزرگ ایرانی بوده و شهریارانی چون کوروش و داریوش هخامنشی ، اردشیر و شاپور ساسانی و کریم خان و لطفعلی خان زند را به خود دیده و یادگارهای بسیاری را از آن زمان حفظ کرده است. آثاری چون تخت جمشید ، نقش رستم ، پاسارگاد ، بیشاپور و دیگر کاخ های دوره ساسانی همگی نشانگر تمدنی قدرتمند و کهن بوده و از پر بیننده ترین آثار باستانی در جهان هستند.

آب و هوای متنوع استان فارس ، این ناحیه را به سه منطقه متفاوت تقسیم می کند ، به طوری که این استان در تمام طول سال دارای ظرفیت مهمان پذیری و جذب توریست است ؛ شمال و شمال غربی با زمستان های سرد و پر برف و تابستان های معتدل و سرسبز ، جنوب و جنوب شرقی با زمستان های معتدل و تابستان های گرم و منطقه معتدل مرکزی .

شهر شیراز مرکز استان فارس ، مهد حافظ و سعدی و شهر گل و غزل و باغ های باشکوه ارم و دلگشا و گلشن است. این شهر که جزو هفت شهر فرهنگی جهان نام گرفته در دل خود اماکن تاریخی بسیاری چون دروازه قرآن ، ارگ کریمخانی ، آرامگاه حافظ و سعدی و شاهچراغ و عمارت نارنجستان را جای داده است .

فارس، تخت جمشید، تالار شورا، نجبای پارسی
Fars, Persepolis, Council Hall, Persian dignitaries

فارس، تخت جمشید، پلکان تالار شورا
Fars, Persepolis, stairways of the Council Hall

Terrace of Persepolis: Persepolis or Takht-e Jamshid, an ancient capital of the Achaemenian kings of Iran (Persia), located about 32 miles (51 km.) northeastern Shiraz. Inscriptions indicate that construction of the palace began under Darius the Great (reigned 522-486 BC). Built in a remote and mountainous region, Persepolis was an inconvenient royal residence, visited mainly in the spring. In 330 BC, Alexander plundered the city and burned the palace of Xerxes, probably to symbolize the end of his Pan-Hellenic war of revenge. One of the first things you will see is the Xerxes' Gateway (or The Gate of All Nations), covered with inscriptions and carvings in Elamite and other ancient languages. The gateway leads to the immense Apadana Palace complex where the kings received visitors and celebrations were held. The largest hall in Persepolis was the Palace of 100 Columns, probably one of the biggest buildings constructed during the Achaemenian period, once used as a reception hall for Darius I.

صفه تخت جمشید: بر طبق کتیبه ای که بر روی سنگی در کاخ تخت جمشید حک شده ، این کاخ در زمان داریوش کبیر و به امر این شاهنشاه هخامنشی (۴۸۶-۵۲۱ پیش از میلاد) ساخته و در زمان خشایارشا اول ، اردشیر ، خشایارشا دوم ، داریوش سوم ، کوروش دوم ، اردشیر دوم و سوم ، داریوش سوم (۳۳۱ - ۳۳۶ پیش از میلاد) در فاصله بیش از صد وپنجاه سال تکمیل شده است. این بارگاه عظیم پایتخت تابستانی هخامنشی و محل انجام تشریفات رسمی و درباری بوده است.

مهمترین بخش های این مجموعه عبارتند از : صد وده پلکان دو طرفه ورودی به صفه ، دروازه ملل ، کاخ آپادانا (محل کشف لوح های زرین و سیمین) و پلکان با نقش های ملل تابعه ، کاخ صد ستون ، کاخ سه دروازه ، کاخ داریوش (تچر) ، کاخ خشایارشا (هدیش) ، آرامگاه شمالی منسوب به اردشیر دوم ، آرامگاه متعلق به اردشیر سوم ، آرامگاهی نیمه تمام که آن را متعلق به آخرین شاهنشاه هخامنشی داریوش سوم می دانند ، مجاری زیرزمینی و چاه آب .

فارس، تخت جمشید، دروازه ملل
Fars Persepolis, the Gate of All Nations

62

فارس ، نقش رستم ، نقش برجسته ساسانی
Fars, Naqsh-e Rostam, Sassanian rock-reliefs

Naqsh-e Rostam: About 6 km. north-western Persepolis lies the imposing site of Naqsh-e Rostam, where Darius the Great and his successors had their monumental tombs carved into the cliff. The most important relief depicts the victory of Shapur I over the Roman emperor Valerian, whom he defeated and captured at Edessa in 260 AD. Although Naqsh-e Rostam had long been a sacred area, Darius the Great was the first to choose it as a burial place. His successors not only imitated his idea of a cliff tomb but also copied the layout of the tomb itself. It has been suggested that three other tombs at Naqsh-e Rostam, besides that of Darius I, are attributed to Xerxes, Artaxerxes I, and Darius II.

نقش رستم: در ۶ کیلومتری تخت جمشید و بر تنه صخره بلند و دیوار مانندی آثار به جای‌مانده از چهار آرامگاه هخامنشی و چند نقش برجسته ساسانی و عیلامی از دور خودنمایی می کند. این آرامگاه ها متعلق به خشایارشا ، اردشیر اول ، داریوش کبیر و داریوش دوم بوده و در مقابل مقبره ها بنای سنگی مربع شکلی قرار گرفته که به کعبه زرتشت معروف است.
نقش برجسته های زیر آرامگاه ها متعلق به دوره ساسانی بوده و شامل صحنه های دیهیم ستانی نرسی از آناهیتا ، نقش رزم بهرام دوم ، پیروزی شاپور اول بر والرین ، پیروزی هرمز بر دشمن و پیروزی بهرام دوم می شود. در گوشه ای دیگر نقشی از مراسم مذهبی دوره عیلامی ، تصویر بهرام دوم همراه با ملکه و ولیعهد او و دیهیم ستانی اردشیر اول از اهورامزدا حجاری شده است.

فارس، نقش رستم، نقش برجسته ساسانی
Fars, Naqsh-e Rostam, Sassanian rock-relief

Sassanian rock reliefs at Naqsh-e Rajab: There is another group of four reliefs at Naqsh-e Rajab, about three kilometers north of Persepolis. One of these reliefs shows an investiture scene of Ardeshir I, founder of the Sassanian Empire (226-40 AD) by the god Hormuzd (Ahura Mazda). Another relief at Naqsh-e Rajab depicts the investiture of Shapur I (241-72 AD), son and successor of Ardeshir I. In an adjoining relief Shapur I is shown on horseback, followed by nine court attendants on foot.

حجاری های ساسانی در نقش رجب: در نقش رجب، در فاصله ۳ کیلومتری شمال تخت جمشید، بر سینه کوه، سه نقش برجسته که از شهریاران ساسانی حجاری شده (۲۴۰ – ۲۲۴ میلادی) به چشم می خورد. نقش طرف راست، شاپور را سوار بر اسب در حال دیهیم ستانی از مظهر اهورامزدا که او نیز سوار بر اسب است، نشان می دهد. در نقش سمت چپ در حالی که شاپور سواره است، پشت سر او نه تن از درباریان دیده می شوند. بر روی دیوارهٔ عقبی، نقش اردشیر اول در حال دریافت دیهیم پادشاهی از اهورامزدا حجاری شده است.

65

فارس ، نقش رستم ، نقش برجسته دیهیم ستانی اردشیر اول از اهورا مزدا
Fars, Naqsh-e Rostam, bas-relief of Ardeshir I's investiture from the god Ahura Mazda

فارس ، نقش رجب ، نقش برجسته شاپور اول و نجیب زادگان
Fars, Naqsh-e Rajab, Relief of Shapur I and his nobles

نقش رجب، نقش برجسته موبد موبدان
Naqsh-e Rajab, Sasanian bas relief of the High Priest Kartir

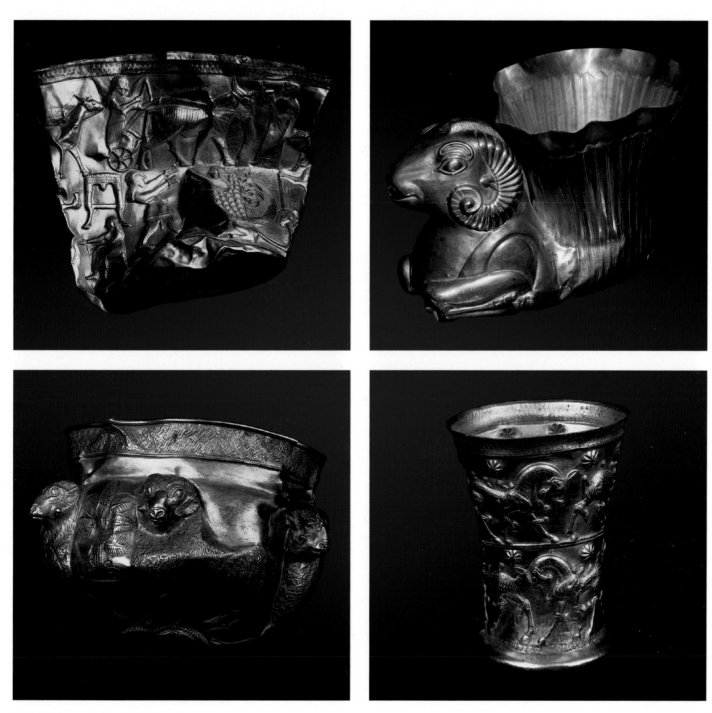

جام های زرین باستانی، موزه ایران باستان
Iran Bastan Museum, gold rhytons and bowls

فارس، پاسارگاد، مقبره کوروش کبیر
Fars, Pasargadae, tomb of Cyrus the Great

Fars, Bishapour, Investiture of Bahram I from the god Ahura Mazda

فارس، بیشاپور، دیهیم ستانی بهرام اول از اهورامزدا

Bishapur, Tang-e Chogan: The river Shapur flows through the middle of the valley and gorge, called Tang-e Chogan, from the northeast towards Bishapur. Tang-e Chogan, also in its turn, contains important historical remains consisting of numerous carved scenes of the Sassanian emperors, and there is a great statue of Shapur I within a cave, high on the mountainside. When entering the pass from the ruins of Bishapur, two scenes can be observed on the right-hand, and four on the left-hand sid among them victory of Shapur over Valerian, investiture of Bahram I, and investiture of Shapur II are the most important ones.

بیشاپور: در نزدیکی شهر کازرون و در منطقه ای به نام " تنگ چوگان" ، آثار شهری به جای مانده از دوران ساسانی دیده می شود. بیشاپور یا شهر شاپور به فرمان شاپور اول ساخته شد و آثار با ارزشی از معماری و کاشی رنگی و موزائیک تصویری در آن باقی مانده است.

در دو طرف رودخانه ای که از وسط تنگ چوگان عبور می کند، شش نقش برجسته ساسانی، صحنه های پر شوری از دوره ساسانی را در تاریخ ثبت کرده است. در این حجاری ها سه نگاره از پیروزی شاپور اول بر والرین امپراتور روم و نقش برجسته پیروزی بهرام دوم بر اعراب، دیهیم ستانی بهرام اول از اهورامزدا و پیروزی شاپور اول بر دشمنانش حک شده است.

انگور شیراز
Shiraz grapes

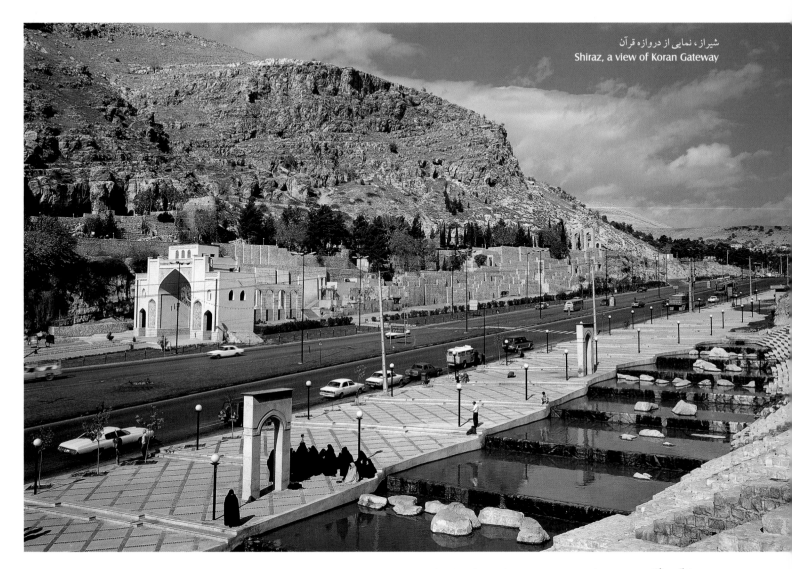

شیراز، نمایی از دروازه قرآن
Shiraz, a view of Koran Gateway

Shiraz, Koran Gateway: The Koran Gateway was originally built as an ornamental entrance to the north of the town by the Dailamite Azod-od Dowleh. Karim Khan Zand placed a volume of the holy Koran in the small room built on top of the gate, for the blessing. By the sanction of the same Koran, the gate guarantees safe return to all Shirazis, who pass under it. The original gate was demolished nearly in the '50s and the present one was erected on its site by a local merchant.

دروازه قرآن: هنگامی که از اصفهان به سمت شیراز و ازمیان کوه‌ها و جاده‌های پر پیچ و خم عبور می کنید، رسیدن به تنگ الله اکبر و نمایان شدن دروازه قرآن نوید ورود به شهر شیراز را می دهد که به محض عبور از آن وسعت شهر پدیدار می شود.
بر بالای این دروازه از گذشته های دور قرآنی گذاشته شده بود تا مسافران از زیر آن عبور کنند. به همین دلیل کریمخان زند جایگاهی برای نگهبانان این دروازه تعبیه و تاق دروازه را مرمت کرد. همچنین قرآن خطی بزرگی، در اتاقک بالای تاق دروازه قرار داد. این قرآن که اکنون در موزه پاریس نگهداری می شود، به خط ابراهیم سلطان پسر شاهرخ تیموری و در نوع خود بی نظیر است.

74

شیراز، مسجد جامع عتیق، خداخانه
Shiraz, Atiq Jame' Mosque, Khoda Khaneh

Shiraz, Tomb of Hafez (Hafeziyeh): Shams-od Din Mohammad Hafez (1324-1391 AD), the greatest master of Persian lyric poetry and the literary giant of the 14th century, was born in Shiraz, chose to live there all his life (except for a short journey), sang its praises in incomparable verse and was buried there in a garden known after him as the Hafeziyeh, in the northeast part of the city. The extraordinary popularity and the wide appeal of this great lyric poet among all Persian-speaking people make his tomb a venerated place, visited by all.

The present mausoleum, standing in a lovely garden, dates from 1936-38. It is approached by flights of stone steps, at the top of which a double colonnade is crossed to reach the tomb under a tiled cupola. The cupola resembles a dervish's hat, is in slabs, and is covered inside with mosaic faience of wonderful design. The alabaster tombstone and four central columns of the colonnade alone date from the reign of Karim Khan Zand. The tombstone is beautifully inscribed with two of Hafez's ghazals. Visitors to the tomb can still, as they have done for centuries, take the omens, or *fals*, by picking a page at random from a volume of Hafez, kept ready for this purpose.

شیراز ، حافظیه: آرامگاه دلنشین و رعنای کنونی ، در سال ۱۳۱۷ و در خیابان گلستان (خرابات سابق)، با طرحی از آندره گدار ، بر سکویی با ۸ ستون با استفاده از شکل ستون‌های کریم خانی ساخته شده است . ایوان آرامگاه ، ۵۶ متر طول دارد و ۲۰ ستون که به سبک کریم خانی از سنگ یکپارچه تراشیده شده ، زیبایی آن را دو چندان کرده است .
آرامگاه حافظ همچون دروازه قرآن و تخت جمشید ، فانوس دریایی همیشه آشنای شیراز برای تمام جهانیان و میعادگاه عاشقان فرهنگ و ادب فارسی است .

O love, how have I felt thy pain!
Ask me not how—
O absence, how I drank thy bane!
Ask me not how—

In quest, throughout the world I err'd,
And whom, at last, have I preferr'd?
O ask not whom—

In hope her threshold's dust to spy,
How streamed down my longing eye!
O ask not how—

Why bite my friends their lips, displeas'd?
Know they what ruby lip I seiz'd?
O ask not when—
But yester-night, this very ear
Such language from her mouth did hear—
O ask not what—

Like Hafez, in love's mazy round,
My feet, at length, their goal have found,
O ask not where.

در دعشقی کشیده‌ام که مپرس   زهر هجری چشیده‌ام که مپرس

گشته‌ام در جهان و آخر کار   دلبری برگزیده‌ام که مپرس

آنچنان در هوای خاک درش   می‌رود آب دیده‌ام که مپرس

من به گوش خود از دهانش دوش   سخنانی شنیده‌ام که مپرس

سوی من لب چه می‌گزی که مگوی   لب لعلی گزیده‌ام که مپرس

بی تو در کلبۀ گدائی خویش   رنجهائی کشیده‌ام که مپرس

همچو حافظ غریب در ره عشق

به مقامی رسیده‌ام که مپرس

76

شیراز، آرامگاه حافظ
Shiraz, Tomb of Hafez

77

Shiraz, Tomb of Sa'di: Sa'di's tomb, in the northeast of the city, is as overpowering as that of Hafez. Tombs of both poets were rebuilt in early '50s. Sa'di's tomb stands on the spot that was once the poet's convent. Though modern in its simplicity, the portico or *talar* with its tall columns of pinkish marble is a traditional feature of Persian architecture. Steps lead up to the tomb with its turquoise-blue dome. A short double colonnade to the left leads to a tiled sunken enclosure containing a pool filled with voracious fish.

Even from the very early days after the poet's death, the mausoleum of Sa'di became a place of pilgrimage to lovers of poetry and literature. In 1808 AD Karim Khan Zand renovated the mausoleum.

آرامگاه سعدی: از جلو آرامگاه حافظ و از خیابان گلستان (خرابات سابق) که می گذریم ، در چرخشی به سمت شمال و بعد از گذشتن از کنار باغ دلگشا ، به محله ای دنج می رسیم که سابقاً قریه سعدی بوده است . آرامگاه سعدی با گوشه ای که در شیراز گزیده ، جاه و منزلتی دیگر دارد که با روح شیخ اجل هماهنگ است .

بنای آرامگاه در زمان کریم خان زند تجدید بنا شد و بعد از آن با طرح آندره گدار ، معمار موزه ایران باستان ، بازسازی و در سال ۱۳۳۱ گشایش یافت . آرامگاه کنونی در ۲۶۱ متر مربع و در فضایی به بزرگی ۸۰۰۰ متر مربع ساخته شده است .

ایوانی با ستون های چهارضلعی بلند ، گنبد فیروزه ای بالای بقعه ، کاشیکاری ها و کتیبه های درون بقعه ، هر گوشه این آرامگاه دیدنی را دیدنی تر می کند .

در آب نمایی زیرزمینی موسوم به حوض ماهی ، آب قناتی با ماهی های کوچک جریان دارد که به وسیله پلکانی می توان به آن دسترسی داشت .

شیراز، نمایی از نارنجستان قوام
Shiraz, a view of Narenjestan Qavam (Qavam Orangery)

Shiraz, Naranjestan Qavam (Qavam Orangery): It is a significant monument of the Qajar period (1881 AD). The doorway leading into the Naranjestan, covered with delicate glazed tiles, is flanked by small, carved stone platforms; the ceiling and the entrance vestibule are decorated with brickwork and stalactites. Its most outstanding feature is a large crescent-shaped tile-work on the brow of the structure, depicting a lion and the sun in the center, and two leopards devouring deer on either side.

Shiraz, Eram Garden: Eram Garden is a large garden to the west of the city which dates from the time of Qajars. In the center of the building is a gallery overlooking the garden and all around are various rooms, with ores and alcove and a beautiful hall of mirrors.
Facing the gallery is the main walk of the garden with small ponds bordered on both sides by fine cypress trees.

شیراز، عمارت نارنجستان قوام: این عمارت با انبوهی از درختان نارنج و بوته های گل سرخ، به دستور میرزا ابراهیم خان قوام الملک حاکم فارس، در دوره قاجار بنا شد. خاندان قوام در اصل بازرگان و از اهالی قزوین بودند، اما بعد از مهاجرت به شیراز به کارهای دولتی روی آورده و در دستگاه های حکومتی دوره زند و قاجار خدمت کردند.

نارنجستان نمایانگر ذوق و شکوه و ظرافت اشراف ایرانی در قرن ۱۳ هـ.ق. است. ورودی و حیاط نارنجستان به سبک ارگ کریمخانی کاشیکاری و نمای درونی و سقف ها با آیینه کاری و نقاشی و لاک روی چوب به شکل بی نظیری کار شده، به طوری که بعدها سقف چوبی نشیمن خانه و بعضی از تزئینات داخلی آن برای تزیین کاخ صاحبقرانیه به نیاوران منتقل شد.

باغ ارم: در شمال غربی شیراز و در منطقه ای مرتفع، باغ وسیعی با درختان سرو فراوان و باغچه هایی پر از گل های زیبا و کمیاب، عمارت مجللی را با تالار آیینه کاری و حوض بزرگی در برگرفته اند که به راستی نام " ارم " برازنده آن است. در میان درختان سرو آن، سرو بلند قامت بسیار موزونی جلب توجه می کند که آن را "سروناز" می خوانند و نظیر آن در کشور ایران سراغ نمی رود.

80

شیراز، باغ ارم
Shiraz, Eram Garden

شیراز، مسجد نصیرالملک
Shiraz, Nasir-ol Molk Mosque

شیراز، مسجد نصیرالملک، کاشی کاری هفت رنگ
Nasir-ol Molk Mosque, "haft-rangi" tiles

Shiraz, Nasir-ol Molk Mosque: The Nasir-ol Molk complex belongs to the Qajar period and was built in the 18th cent. AD, and consists of a mosque, personal residence and *hammam* (bath) in Shiraz during the 1880s. The structure and tile decoration of the Nasir-ol Molk Mosque, completed in 1888, closely resemble the eighteenth-century Vakil Mosque also in Shiraz. Its western prayer hall is enclosed on the courtyard side by stained-glass doors, and is used by the congregation during cold weather. Inside, two rows of six twisted stone columns with acanthus capitals support small tiled domes.

Shiraz, Atiq Jame' Mosque: The most interesting and oldest of the buildings in the old town of Shiraz, is the Jame' Mosque, also called the Atiq Mosque. Begun in 860 by the Saffarid Amr Ibn-e Laith, the building has suffered the vicissitudes of earthquake, devastation and restoration, and its earlier element now visible in the curious Khoda Khaneh in the center of the court, house copies of the blessed Koran. It was built in imitation of Ka'ba at Mecca, round which pilgrims were bound as a religious act to circumambulate seven times.
In each corner there stands a tower and on each side an *iwan* supported by two pillars, forming a room in the center where a Koran is kept. On the exterior of the structure is an inscription in *Thulth* script, which is in relief on stone and is the only one of its kind to be found in a mosque in Iran. To the south of the mosque, is a large prayer hall and the facade of the *iwan* on this side is decorated with delightful mosaic faience dating from the reign of the Safavid Shah Solaiman (16th century).

شیراز، مسجد نصیرالملک: مسجد نصیرالملک، یکی از معدود بناهای دوره قاجار است که از نظر کاشیکاری بسیار موفق بوده و ساخت آن ۱۲ سال طول کشیده است (۱۳۰۵-۱۲۹۳ هجری). در این مسجد از کاشیکاری دوره زندیه و به ویژه از رنگ صورتی آنها تقلید شده و این رنگ چنان بر فضای کاشی ها حاکم است که این مسجد را مسجد صورتی هم می خوانند. در مسجد نصیرالملک می توان تحول هنر کاشیکاری دوره صفوی را از طریق گذر هنر زندیه به زمان قاجار مورد بررسی قرار داد.

مسجد جامع عتیق: ساختمان اصلی مسجد جامع عتیق شیراز مربوط به دوره صفاریان است و به امر عمرولیث صفاری در سال ۲۸۱ هجری قمری احداث شده است. در حال حاضر از بنای اصلی بخش مهمی باقی نمانده است.
خداخانه مسجد جامع، توسط شاه ابواسحق اینجو در سال ۷۵۲ هجری قمری ساخته شد، سپس در دوره شاه عباس اول صفوی به سال ۱۳۰۴ هجری قمری و همچنین بقیه شاهان صفوی مرمت گردید. این مسجد، قدیمی ترین اثر تاریخی دوران اسلامی شهر شیراز محسوب شده و کتیبه سنگی خداخانه نیز از نمونه های ارزنده هنری به شمار می رود.

شیراز، مسجد وکیل
Shiraz, Vakil Mosque

شیراز ، حرم شاهچراغ
Shiraz, Mausoleum of Shah Cheragh

Shiraz, Shah Cheragh Shrine: This famous place of pilgrimage in Fars is the burial ground of Hazrat-e Mir Seyed Ahmad, son of the seventh Imam. It belongs to the period of Atabaks in the (12th cent. AD). It comprises an *iwan*, a sanctuary, a dome and various arcades and recesses, decorated with mirrors, plasterwork and a number of inscriptions. After the Atabaks, the mausoleum was repeatedly repaired under Safavid and Qajar rule.

The actual tomb is in the recess underneath the cupola in Balasar Mosque. There are two low minarets flanking the *iwan* of the mausoleum and a spacious courtyard to reflect its magnificence. The superb mosaic tile facing of the cupola was completed in 1966, under the supervision of the Cultural Heritage Organization.

بقعه شاهچراغ: بقعه شاهچراغ زیارتگاه مشهور شیراز ، مدفن حضرت میر سید احمد فرزند امام هفتم (ع)، از بناهای دوره اتابکان در قرن ششم هجری قمری است که در زمان اتابک ابوبکر سعدبن زنگی ساخته شده است. ایوان ، حرم ، گنبد ، رواق ها و شاه نشین های این بنا با آینه کاری ، گچبری و کتیبه های مختلف تزیین شده و دو منار کوتاه در دو انتهای ایوان شکوه بقعه را دو چندان کرده است. این بقعه پس از اتابکان در دوران صفوی و قاجار نیز چندین بار مرمت شد. کاشیکاری معرق زیبای گنبد در سال ۱۳۴۵ هجری شمسی ، با نظارت اداره کل باستان شناسی به اتمام رسید.

در مجاورت زیارتگاه شاهچراغ بقعه سید میر محمد برادر شاهچراغ واقع شده که شامل حرم بزرگ و شاه نشین است و مرقد در شاه نشین شمالی قرار دارد. ساختمان این بنا باید متعلق به قرن دهم هجری قمری باشد که در عهد زندیه و قاجار مرمت و تزیین شده است. گنبد آن به سبک دوره قاجار کاشیکاری شده است.

هرمزگان، اسکله بندر عباس
Hormozgan, Bandar Abbas pier

هرمزگان، بندر عباس، مسجد هندوها
Hormozgan, Bandar Abbas, Indian Mosque

Hormozgan: southern Iran, bordering the Persian Gulf and the Sea of Oman on the south, and bounded by the Boushehr and Fars provinces on the west and northwest, Kerman on the east and northeast, and Sistan & Baluchestan on the southeast, it covers an area of 66,870 sq km. Bandar Abbas, the capital, was founded by Abbas I the Great in 1622. Development of Bandar Abbas as a major port in the 1970s led to the establishment of many industries, including a cement unit, electricity-generation plant, a steel mill and desalination plant, food-processing units, and fisheries. Salt, iron ore, copper, and sulfur are mined.

Bandar Abbas, Indian Mosque: The construction of this temple, made in 1889 AD in the reign of Mohammad Hasan Khan Sa'd-ol Molk, consists of a central rectangular base mounted by a copula entirely derived from the style of Indian temples. This temple is one of the symbols of Bandar Abbas city. The stalactite decoration of its dome makes it different in architectural style from other domes in the province as well as other parts of the country.

هرمزگان: استان هرمزگان با وسعتی حدود ۷۱٬۱۹۳ کیلومتر مربع، در جنوب کشور و در سواحل خلیج فارس و دریای عمان قرار دارد. این استان در منطقه گرم ساحلی ایران واقع شده و مرکز آن، بندرعباس، در بیشتر ماه های سال دارای آب و هوای گرم و مرطوب است. این شهر در فصول مختلف سال بخصوص در زمستان و ایام نوروز مسافران زیادی را از مناطق مختلف کشور به سوی خود جذب می کند و یکی از مهمترین مراکز تجاری ایران در جوار خلیج فارس و دریای عمان است. همچنین جزایر معروفی چون قشم، کیش، تنب بزرگ و کوچک، ابوموسی، هرمز و لاوان در محدوده این استان قرار دارند. از آثار دیدنی استان می توان به معبد هندوها، آب گرم گنو، شهر باستانی خربس، قلعه پرتغالی ها اشاره کرد.

معبد هندوها: این معبد در سال ۱۳۱۰ هجری قمری در زمان حکومت محمد حسن خان سعدالملک احداث شده و عبارت است از یک اتاق چهارگوش میانی که بر روی آن گنبدی قرار گرفته است. طراحی این بنا کاملاً متأثر از معماری معابد هندی و از جمله یادگارهای معدود تاریخ بندرعباس است. سبک معماری و مقرنس های پیرامونی گنبد، آن را نه تنها از دیگر گنبدهای موجود در سواحل خلیج فارس، بلکه از گنبدهای سراسر ایران متفاوت می سازد. این معبد که در کنار یکی از خیابان های اصلی شهر قرار دارد، توجه هر تازه واردی را به خود جلب می کند.

هرمزگان، حاجی‌آباد، خرما فروش
Hormozgan, Hajiabad, seller of dates

هرمزگان، بندرعباس، امامزاده سید مظفر
Hormozgan, Bandar Abbas, Imamzadeh Seyed Mozaffar   89

هرمزگان، سواحل بندر عباس
Hormozgan, banks of Bandar Abbas

90

کیش، کشتی یونانی
Kish Island, the Greek Ship

هرمزگان، بندر سلخ
Hormozgan, Salkh port

هرمزگان، قشم، جنگل حرا
Hormozgan, Qeshm, Hara forest

Khouzestan: Khouzestan is perhaps the easiest of all Iranian provinces to reach. You can arrive by air at the international airport of Abadan; by sea, on passenger-carrying cargo boats from Europe and India; and by rail at the adjoining seaport of Khorramshahr. A main highway as well as Iran's first major rail link connects Tehran with the Persian Gulf.

Capital of Khouzestan province in the southwest Iran, Ahvaz is situated on both banks of Karun river. Being an oil center, a transportation hub, and an industrial city with flourishing metallurgical, petrochemical, textile, sugar cane, power generating, and food-processing industries, it occupies an area of more than 200 square kilometers. It is terribly hot and humid in spring and summer. Its elevation from the sea level is only 18 meters. The best season for traveling to Ahvaz and the whole Khouzestan is from January to late April.

خوزستان: استان خوزستان با مساحتی بیش از ۶۳٬۲۱۲ کیلومتر مربع درجنوب غربی ایران و در شمال خلیج فارس قرار گرفته است. استان خوزستان که اکنون به خاطر ذخایر غنی نفت و گاز، شهرت جهانی یافته، از دوران باستان از اهمیت ویژه ای برخوردار بوده و روزگاری بخش مهمی از تمدن بزرگ عیلام و گهواره تمدن شرق به شمار می رفته است. اهواز مرکز این استان، از شهرهای قدیمی ایران بوده و به نام های "اوکسین" و "هرمزشهر" شهرت داشته است. آب و هوای این شهر در تابستان گرم و مرطوب بوده و به همین علت بهترین وقت سفر به خوزستان، اوایل بهار است. زیگورات چغازنبیل، پل فلزی اهواز، کلیسای آبادان، شهر باستانی جندی شاپور، کاخ آپادانای شوش و مقبره یعقوب لیث از آثار شناخته شده این استان محسوب می شوند.

خوزستان، اهواز، حاشیه رود کارون
Khouzestan, Ahvaz, banks of Karun river

خوزستان، شوش، سرستون گاو نر
Khouzestan, Shush, Bull capital

خوزستان، شوش، زیگورات چغازنبیل
Khouzestan, Shush, Chogha Zanbil Ziggurat

Susa, Ziggurat of Chogha Zanbil: The Elamite temple of Chogha Zanbil is located on a high mound on the bank of the river Dez, a tributary of the Karun, and was built in 1250 BC by the Elamite king Untash Gal for the Elamite deity "Inshushinak". It is about 25 meters high and consists of several storeys, made of mud brick and revered with kiln-fired bricks. A number of clay tablets and human and animal statuettes have been discovered around the temple.

During excavations in the mound, two bricks inscribed in Elamite script were discovered.

The Ziggurat has a quadrangular base and its original height is believed to have been about 50 meters, the highest storey of the structure belonging to Inshushinak. The splendid portals and numerous stairways of the monument have been constructed in such a way as to lead, one and all, to the upper storeys. The most interesting discovery made at Chogha Zanbil is the statue of a winged bull, made very skillfully of glazed clay and bearing several lines of cuneiform inscriptions in Elamite, upon its neck. At present, this statue which seems once to have been placed at one of the Ziggurat portals, is being kept in the Iran Bastan Museum.

Even in their present state, the ruins of the Chogha Zanbil Ziggurat, undismayed by eventful times, still raise their proud head towards the sky in testimony of the splendor and majesty of the great Elamite empire.

شوش، زیگورات چغازنبیل: زیگورات چغازنبیل عظیم ترین بنای خشتی ساخت دست بشر در ایران است. این پرستشگاه در حدود ۱۲۵۰ سال قبل از میلاد، به فرمان اونتاش گال پادشاه عیلام، برای نیایش خدای اینشوشیناک ساخته شد. زیگورات در ۲۳ کیلومتری جنوب شرقی شوش کنار رود دز بنا شده و شیوه ساختمان آن نشان دهنده پیشرفت حیرت انگیز فنون معماری، بخصوص نحوه محاسبات ریاضی و آشنایی با ترکیب مصالح در آن عصر است. قاعده بنا به شکل مربع و بلندی ساختمان که در اصل پنجاه متر بوده، اکنون بیست و پنج متر است. ساختمان معبد چند طبقه دارد که از خشت خام با روکش آجر بر افراشته شده و سردرهای مجلل و راه پله های باشکوه به طبقه ویژه خدای اینشوشیناک، راه می یابد.

97

شوش، کاخ آپادانا، سرستون گاو
Shush (Susa), Apadana Palace, Bull Capital

شوش، قلعه مسکونی هیئت باستان شناسان فرانسوی (۱۲۶۹ شمسی) در کنار ویرانه های کاخ آپادانا
Shush, the residential castle of French archaeologists near the remnants of Apadana Palace

The Ancient City of Shush (Susa): Archaeologists have been working at Shush for over one hundred years, excavating the extensive remains which stretch from the fourth millennium BC to the early Islamic period. In the thirteenth century BC, Shush was the Elamite capital of King Untash Gal who built the ziggurat of Chogha Zanbil. The city rose from the ashes left by the Assyrian destruction in 640 BC, when Darius the Great rebuilt Shush in about 520 BC to serve as the Achaemenian capital.

شوش: شهر باستانی شوش، پایتخت دو دوره عیلامی و هخامنشی بوده و در کاوش هایی که توسط هیئت فرانسوی در سال ۱۲۶۹ شمسی انجام گرفت، آثار و بقایای تمدنی ما قبل تاریخ نیز به دست آمد. با توجه به اینکه در طبقه اول اراضی، آلات و ادوات مسی کشف شد، تاریخ آن را به دوران مس و با کشف آثار سفال منقوش معلوم شد که در این منطقه از ایران از ۲۵۰۰ سال قبل صنعت سفال سازی وجود داشته است.
باستان شناسان، آغاز تمدن در منطقه شوش را تا ۴۰۰۰ سال قبل از میلاد تخمین می زنند.
در زمان هخامنشیان، شهر شوش به عنوان پایتخت زمستانی انتخاب و کاخ مجللی به نام آپادانا در آن ساخته شد.
از کتیبه ها و الواح گلی بدست آمده، گزارشات کاملی از ساختمان کاخ و کارنامه شاهنشاهی هخامنشی به دست آمده است.

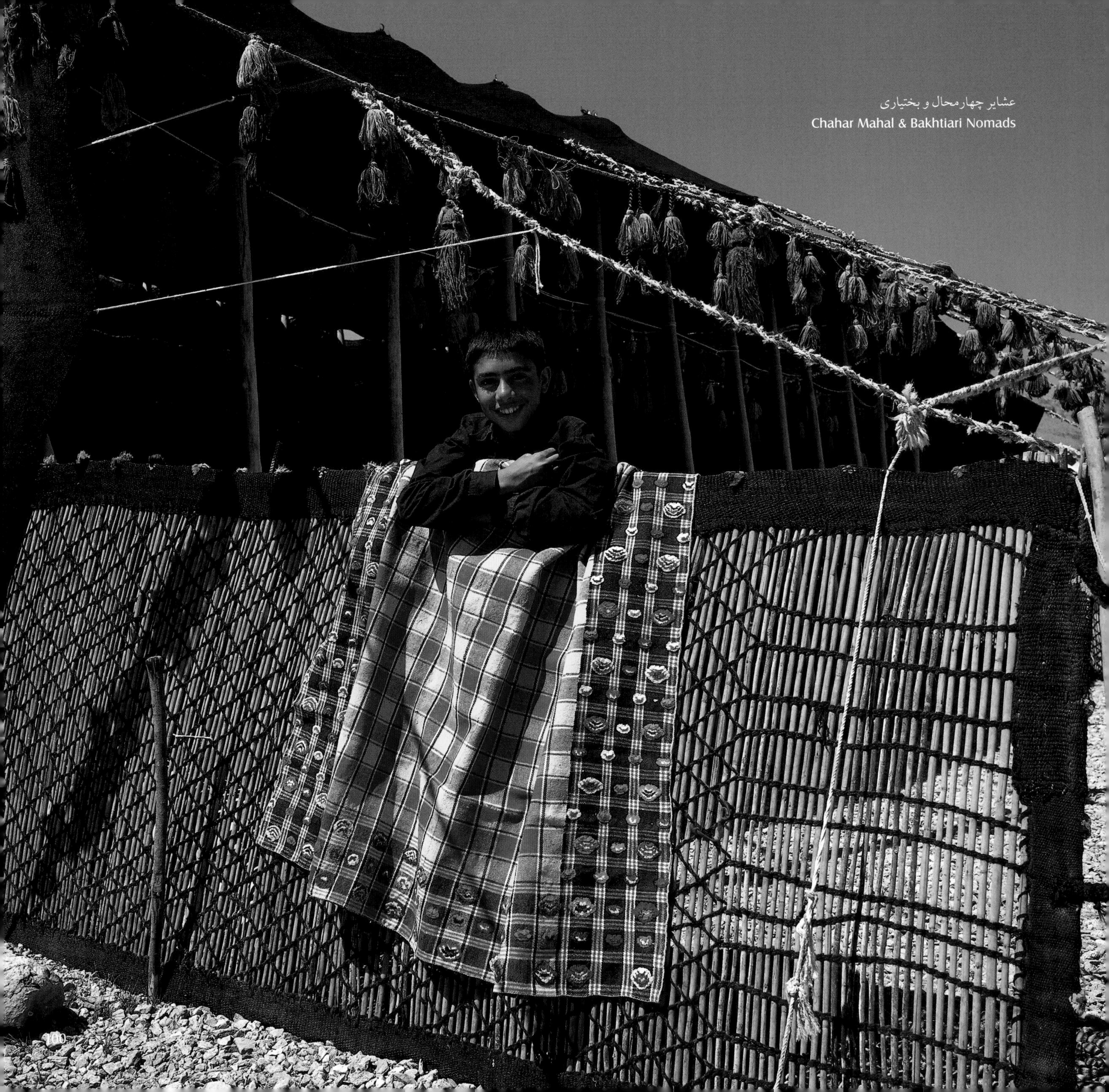

عشایر چهارمحال و بختیاری
Chahar Mahal & Bakhtiari Nomads

Chahar Mahal and Bakhtiari: Leaving Isfahan in a southwesterly direction, one would arrive in Shahr-e Kord, the provincial center after a two-hour drive from Isfahan. The modern province occupies a historically rich land. The bronze statue of the Parthian Man found in Shemi valley of Bakhtiari mountains as well as the busts, stone and bronze masks of Seleucid period found in Bakhtiari hills and valleys, all support the idea that the region has attracted many Parthian and Seleucid rulers.

Zagros Mountains extend further south until Shahr-e Kord, and certain branches of Zanyandeh Rud and Karun rivers cross the city. According to environment experts, the world's purest drinking water flows from the springs of Shahr-e Kord. The province serves as the habitat, range, and seasonal quarters of two major tribes traditionally called *Chahar Lang* and *Haft Lang*, considering the number of their livestock. They are engaged in animal husbandry, depending mainly on the abundant pastures and grasslands. Saman and Chaleshtar in the province are the centers for the beautiful and world-famous Bakhtiari carpets and rugs. A pleasant scene comes up during the winter, when the Bakhtiari nomads start their transhumance in search of new grazing grounds.

چهارمحال وبختیاری: استان چهارمحال و بختیاری با مساحتی حدود ۱۶,۲۰۱ کیلومتر مربع در دامنه های بخش مرکزی زاگرس واقع شده است. مرکز این استان شهرکرد با ارتفاع ۲۰۶۰ متر از سطح دریا از خوش آب و هواترین شهرهای ایران به خصوص در فصول گرم سال است و شهرهای بروجن، فارسان، کوهرنگ و لردگان از شهرهای مهم این استان هستند.

استان چهارمحال و بختیاری را می توان جزو مناطق ییلاقی عشایر کوچ نشین بختیاری محسوب کرد، زیرا قسمت اعظم این منطقه کوهستانی و در زمستان پوشیده از برف است. بلندترین نقطه این استان قله زردکوه با ارتفاع ۴۲۲۱ متر است و مناظر طبیعی آن به همراه پیست اسکی، هتل جهانگردی و آبشار کوهرنگ از مراکز تفریحی و گردشگری منطقه کوهرنگ و چلگرد به شمار می روند. همچنین پل باستانی زمان خان، تالاب چغاخور و لاله های واژگون از دیدنی های این استان هستند.

چهار محال و بختیاری، کوچ ایل بختیاری
Immigration of Bakhtiari nomads

104

چهارمحال و بختیاری، عشایر چالشتر
Chahar Mahal & Bakhtiari, Chaleshtar Nomads

رنگ های شاد و ثابت وجه مشخصه دستباف های عشایری

Colorful dyes used in the nomads' hand-woven items

چهارمحال و بختیاری، بازفت، شیر سنگی بر سر گور شجاعان ایل
Bazoft, stone lions over the graves of courageous men of Bakhtiari tribes

107

کرمانشاه، کرند، بقعه بابا یادگار

Kermanshah, Karand, Mausoleum of Baba Yadegar

108

کرمانشاه، پاوه، رقص محلی
Kermanshah, Paveh, local dancing

Kermanshah: Kermanshah is the commercial center for grain and other produce of the countryside. Flour, textiles, refined oil, beet sugar, and carpets are produced here. Founded in the 4th century, Kermanshah has long been an important market center by virtue of its position on the caravan route from Hamedan to Baghdad. East of the city are the cliffs that bear the Bisotun inscription, which became the key to deciphering several ancient Middle Eastern writings. There are also a few reliefs of busy hunting and investiture scenes on the side walls of the three large grottos in Taq-e Bostan near Kermanshah, belonging to the Sassanian era.

کرمانشاه: استان کرمانشاه با مساحتی بیش از ۲۴٫۶۴۰ کیلومتر مربع درکنار مرزهای غربی ایران قرار گرفته و وجود رشته کوه زاگرس، چون دیواری در مقابل هوای مرطوب مدیترانه ای، باعث شده که این منطقه از غرب کشور دارای زمستان های سرد و پر برف و تابستانی معتدل باشد.

مرکز این استان شهر کرمانشاه، از شهرهای باستانی ایران است، اما بنای اصلی شهر را به قرن چهارم میلادی و دوران ساسانی نسبت می دهند. از آثار تاریخی و دیدنی این استان می توان از تاق بستان، معبد آناهیتا، بیستون، تکیه معاون الملک و مجسمه هرکول نام برد.

همچنین نقش برجسته انوبنی نی، دکان داوود و گور دخمه های هرسین از آثار باستانی قبل از دوره هخامنشی، در این استان هستند.

کرمانشاه، نمایی از تاق بستان
Kermanshah, a view of Taq-e Bostan rock-reliefs

Taq-e Bostan, the Sassanian Bas-relief: The Sassanian remains at Taq-e Bostan represent the specialties of the Iranian art and archaeology of the Sassanian era inside the grotto, the figure of Khosrow II (AD 590-627) can be seen on his favorite horse Shabdiz, in full armor, holding a lance and riding an armored charger.

In the smaller arch next to the first one, there are two bas-reliefs representing Shapur II and Shapur III, with two inscriptions in Pahlavi script. The sculpture on the exterior of the arch shows the investiture of Ardeshir II, and some other heroic and historical scenes.

تاق بستان، نقش برجستهٔ ساسانی: مجموعه تاق بستان نمایانگر ویژگی‌ها و خصایص هنر و معماری ایرانی در عصر ساسانی و پیشرفت شایان معماری تزیینی و تصویرگری و سنگ آرایی در این دوره است. درون تاق بزرگ، تندیس منسوب به خسرو پرویز (۶۲۷ – ۵۹۰ م.) سوار بر شبدیز قد برافراشته و سیمای این شهریار نیزه‌دار که بر اسب برگستوان دار سوار و با زره و جوشن پوشانیده شده، نمودار مردانگی و پهلوانی و مظهر دلاوری است. کار پیکر تراش در نشان دادن این شکوه و سرافرازی مردانه نشانه پیشرفت ستایش انگیز هنرهای تصویرگری و حجاری در این عصر است. درون تاق کوچک، نقش برجسته شاپور دوم و شاپور سوم با سنگ نبشته‌ای به زبان پهلوی و بیرون آن آیین تاج ستانی اردشیر و برخی مجالس اساطیری و تاریخی دیگر بر سنگ نقش بسته است.

کرمانشاه، بیستون، نقش برجسته پیروزی داریوش هخامنشی

Kermanshah, Bisotun, relief showing the victory of Darius, the Achaemenian King

Kermanshah, Achaemenian Bas-relief at Bisotun: At Bisotun (Behistun) whose great cliff, the 'Baghestan of Oros' or 'Mountain of the Gods' of the ancients, rises dramatically from the plain, with the old Royal road skirting its foot, Darius the Great (521-486 BC) had the most famous of his many royal proclamations inscribed in three languages, overlooking the ancient highway.

These historic bas-reliefs, carved on a rock some hundred feet high adjoining the Hamedan-Kermanshah highway, belong to the Achaemenian period. These sculptures of considerable dimensions, comprise the figure of Darius, tall with attractive features, and Ahura Mazda's symbolic celestial figure above his head. Darius has stretched his right hand toward this deity and with his left foot tramples upon the rebel Gaumata lying prostrate at his feet. Two persons are standing behind Darius, while nine prisoners of war from different nations are seen before him with their hands tied behind their backs and a cord running around their necks. The last figure wearing a rather tall hat seems to be a later addition.

کرمانشاه، بیستون، نقش برجسته پیروزی داریوش هخامنشی: در کنار جاده کرمانشاه بر فراز کوه بیستون، نقش برجسته‌ای متعلق به دوران هخامنشی دیده می‌شود. بر پهنای این نگاره داریوش با چهره‌ای جذاب و قامتی بلند ایستاده و در حالی که پای چپ را بر پشت گئومات مغ نهاده، دست راست را به سوی فروهر که بالای سر او در حال پرواز است دراز نموده است. پشت سر داریوش دو نفر ایستاده و در مقابل او نه تن اسیر به بند کشیده شده‌اند که اسامی و ملیت هر یک از این اسیران بالای سر و زیر پا و بر روی لباس آنان نقر شده است.

طبیعت اطراف کرمانشاه
Natural scenery around Kermanshah

همدان، آرامگاه بابا طاهر
Hamedan, Tomb of Baba Taher

Hamedan, Ibn Sina Mausoleum
همدان، آرامگاه ابوعلی سینا

Hamedan: Spread out at the foothills of Mount Alvand, Hamedan is known as one of the cradles of ancient civilization of Iran. It is situated in an elevation of 3580 m. above sea level in west-central Iran. The construction of the city of Hamedan is attributed to Samiramiss, the 10th century BC Assyrian Queen. The city is built on the ancient site of Hegmatana, the Mede capital during the 7th and mid-6th centuries BC.

Avicenna's Mausoleum and Museum: Hamedan has been the land of great heroes and scientists. The world-famous Iranian scientist, philosopher, and physician Abu Ali Sina (14th cent.) known to the West as Avicenna, a prodigy who knew Koran by heart, lived in Hamedan for several years. A large mausoleum built over his tomb in 1952, together with a library. Avicenna was above all a mathematician whose theories were taught in Europe until the 19th century.

Hamedan, Tomb of Baba Taher: A modern tiled pavilion stands on a small hill in Hamadan marking the grave of Baba Taher, the Iranian poet who died in Hamedan in 1019. Baba Taher was a wandering mystic whose intense religious search brought him personal suffering as well as divine joy which he expressed in songs and poetry composed in a rustic local dialect.

همدان: استان همدان با وسعتی حدود ۱۹٬۵۴۷ کیلومتر مربع از استان‌های کوچک، اما قدیمی ایران به شمار می‌رود. آثار به جا مانده در "تپه گیان" در نهاوند نشانگر پیشینه تمدنی ۶۰۰۰ ساله در این منطقه است. شهر همدان مرکز استان، اولین پایتخت دولت ماد "هگمتانه" و یکی از سه پایتخت دولت هخامنشی بوده است.

از مناطق دیدنی همدان می‌توان آرامگاه بوعلی سینا، آرامگاه باباطاهر، مقبره اِستر و مُردخای، کتیبه‌های گنجنامه و گنبد علویان را نام برد.

همدان، مقبره ابوعلی سینا: آرامگاه ابوعلی سینا، فیلسوف، دانشمند و طبیب مشهور ایران (۴۲۸ – ۳۷۰ هجری قمری) در میدانی به نام خود او در شهر همدان واقع شده است. از این بنا که از روی قدیمی ترین بنای تاریخ دار اسلامی ایران، یعنی گنبد کاووس الگوبرداری شده، در سال ۱۳۳۰ به مناسبت هزاره بوعلی سینا پرده برداری شد.

آرامگاه بابا طاهر: آرامگاه باباطاهر که اخیراً بازسازی شده بر فراز تپه کوچکی در شهر همدان قرار دارد. باباطاهر که در سال ۴۱۰ هجری قمری از جهان رخت بر بست، عارفی بود قلندر پیشه که جستجوی خستگی ناپذیر و شوق فراوان او برای وصول به حقیقت در ترانه‌ها و دو بیتی‌های عارفانه‌اش که به گویش محلی سروده، به خوبی محسوس است.

118

كردستان، مسير اورامان به مريوان
Kordestan, Oraman-Marivan road

Kordestan: the province of Kordestan in the west of Iran borders on Iraq along its whole length of western frontier. Sanandaj is the provincial capital. Kurdish is the most widely spoken language. The land is surrounded by high mountains, sloping valleys and fertile plains. Majority of people is engaged in cattle herding, animal husbandry, and agriculture on plains, while the rest have adopted urban life. Existence of fertile lands and access roads has facilitated human settlement in this region since the sixth millennium BC.

Pir-e Shalyar Ritual: Each year at the end of winter, an ancient ceremony -which dates back to the pre-Islamic periods- namely "Pir-e Shahriyar or Shalyar" (a Zoroastrian saint) is held at the village of Oramanat of Kordestan suburbs. This ritual lasts seven days. In the evening of the first day, men of the village start their dance hand in hand, while three to eight persons spin in a circle moving their heads and disheveling their hairs. They redo this until they become ecstatic and thrust swords, knives or spits into their bodies. On the seventh day, they will go on pilgrimage to the Pir-e Shalyar's shrine.

كردستان: استان كردستان با وسعتی حدود ۲۸,۸۱۷ كيلومتر مربع در سرحدات غربی ايران و در دشت‌ها و دامنه‌های سلسله جبال زاگرس ميانی واقع شده است. اين استان از شمال به استان‌های آذربايجان غربی و زنجان، از شرق به همدان و زنجان، از جنوب به استان كرمانشاه و از غرب به كشور عراق محدود می‌شود. كردستان امروزی يكی از نواحی و استان‌های مهم و استراتژيک سرزمين ايران به شمار می‌رود و همچنان رو به رشد و توسعه است. اين استان در طول بهار و تابستان هوايی خنک و معتدل دارد و از آثار ديدنی آن می‌توان به غار كرفتو، تپه زيويه، سنگ نوشته اورامانات، مسجد جامع دارالاحسان اشاره كرد.

كردستان، اورامان تخت، مراسم پير شاليار: جشن بزرگ مردم اورامان، بهمن ماه، در سالروز ازدواج پير شاليار (شهريار) است. در اقوال آمده كه پيری از مغان زردشتی به نام پير شاليار (شهريار) در اورامان می‌زيسته و كتابی به نام "مارفت پير شاليار" (معرفت پير شاليار) از او باقی مانده است، كه اهالی منطقه كتاب او را به بيگانگان نشان نمی‌دهند. اين مراسم قديمی با وجود تغييرات زياد ريشه‌های باستانی خود را حفظ كرده و هر ساله چهل روز مانده به بهار، طی سه هفته برگزار می‌شود.

كردستان، روستايى در منطقه اورامانات، دف زنان
Kordestan, a village in the Oramanat district, men playing tambourine

پشت بام خانه ای در اورامان
Rooftop of a house in the Oraman region

كردستان، مريوان، طبيعت اورامان
Kordestan, Marivan, Oraman region

آذربایجان غربی، ارومیه، کلیسای ننه مریم
W-Azerbaijan, Orumiyeh, Naneh Maryam Church

West Azerbaijan: The West Azerbaijan borders on Nakhjavan Autonomous Republic (135 km.) along River Aras (Republic of Azerbaijan), Turkey (488 km.), and Iraq (200 km.). The largest inland water body in Iran, called Lake Orumiyeh with an area of nearly 5000 km., divides the plateau of Azerbaijan into two eastern-western parts. However, because of containing natural salts and mud, the same water is used by patients who suffer from dermal and rheumatic troubles. Orumiyeh is the capital of West Azerbaijan, the origins of which, according to some sources, go back to the civilization of Urartu, in whose language Urmi meant a fortress. Orumiyeh, if it is in fact the Urmi of the Urartians, is the legendary birthplace of Zoroaster and the burial place of one of the Three Magi. The population consists mainly of Azeri-speaking Turks who use an Arabic script and are Shiite Muslims. Agriculture is the principal occupation of the people. The most fertile agricultural lands are around Lake Orumiyeh. Industries, produce processed foods, and agricultural implements, sugar mills, textile mills, and food-processing plants. Coarse carpets and rugs are woven, and metal ware is produced on a small scale. Copper, arsenic, kaolin, coal, salt, lead, and building stone are mined.

استان آذربایجان غربی: آذربایجان با تاریخ پرفراز و نشیب خود همواره یکی از مظاهر استقلال طلبی ایران و ایرانیان بوده است. وجه تسمیه این سرزمین به قولی از ترکیب آذر و بایگان ریشه گرفته و بعدها به نام "آتورپات"، سرداری که بعد از حمله اسکندر رهبری آذربایجان را در مقابل یونانیان بدست گرفت، آتورپاتگان نام گرفته است.

آذربایجان غربی با مساحتی بیش از ۳۷،۴۶۳ کیلومتر مربع پوشیده از مراتع و باغ‌های میوه بوده و شهر سرسبز ارومیه، مرکز آن، در کنار دریاچه لاجوردی ارومیه قرار دارد.

این استان در زمستان دارای آب و هوای سرد کوهستانی و در تابستان معتدل است. مهم‌ترین شهرهای این استان اشنویه، پیرانشهر، تکاب، سردشت، ماکو، مهاباد، میاندوآب، نقده و سلماس هستند و از دیدنی‌ترین مناطق این استان می‌توان دریاچه ارومیه، کلیسای ننه مریم، تخت سلیمان، قره کلیسا، تپه باستانی حسنلو و بسیاری مناطق تاریخی دیگر را نام برد.

123

124

عاشیق، نوازنده سنتی آذربایجان
Ashiq, Azeri local musician

125

آذربایجان شرقی، تبریز، مقبرةالشعرا
E. Azerbaijan, Tabriz, Poets' Mausoleum

East Azerbaijan: Iranian Azerbaijan is the geographic region that comprises the extreme north-western portion of Iran. It is bounded on the north by the Aras River, which separates it from independent Azerbaijan and Armenia. Tabriz, the region's largest city, was the capital of this empire and became a center of cultural and commercial life.

Azerbaijan is one of the few regions in Iran that receives enough rainfall to permit farming without the use of irrigation. The climate is extreme, with hot, dry summers alternating with cold, snowy winters. The population consists mainly of Azeri-speaking Turks who are Shi'ite Muslims. Agriculture is the principal occupation of the people. Industries, concentrated mainly in Tabriz, produce tractors, factory machinery, cement, textiles, electrical equipment and tools, animal fodder, turbines, motorcycles, clocks and watches, processed foods, and agricultural implements. Coarse carpets and rugs are woven, and metal ware is produced on a small scale.

Osku, Kandovan Village: Kandovan village, is situated 50 km. north of Tabriz, on the foothills of Mount Sahand. It dates back from early Islamic period. Natural cones, scattered over a vast area, serve as human dwellings on rock formations which themselves seem to have been the work of certain sculptors. The whole village represents a living example of human adaptation to exceptionally unusual natural surroundings.

آذربایجان شرقی: استان آذربایجان شرقی با حدود ۴۵٬۴۸۱ کیلومتر مربع مساحت، در شمال غربی ایران و مابین استان‌های آذربایجان غربی و اردبیل قرار گرفته است. این استان به دلیل موقعیت جغرافیایی خود، در تابستان دارای آب و هوای مدیترانه‌ای و در زمستان سرد است و به همین خاطر جایگاه ویژه‌ای از نظر کشاورزی و اقتصادی و هم به لحاظ صنعتی در کشور دارد.

شهر تبریز مرکز استان، دارای پیشینه تاریخی مهمی در ایران بوده و در کتیبه‌های پادشاهان آشور از آن نام برده شده است. از شهرهای مهم این استان می‌توان اسکو، اهر، مراغه و میانه را نام برد. همچنین روستای کندوان، قلعه بابک، عمارت ایل گلی و مسجد کبود از جمله آثار دیدنی استان آذربایجان شرقی به شمار می‌روند.

آذربایجان شرقی، میانه، پل دختر
E-Azerbaijan, Mianeh, Pol Dokhtar bridge

Tabriz, Bagh-e Melli or El Goli: Before you leave Tabriz, do not miss El Goli or the National Park (former Shah Goli), a pleasant hillside garden and park around an artificial lake to the area of 54,675 sq. m. A hill in the eastern side of the park leads down to the pool with steps, and a fountain from top of the hill flows down to the pool. In the center of the pool there is a grand hexagonal building. The pool itself is said to have been built during the reign of Aq Qoyunlu kings. However, it was extended by the Safavids.

Ahar, Babak Khorramdin Citadel (or Jomhour Citadel): This fort has been built on top of a mountain 2600 meters high (3rd century AH-- 9th cent. AD). Babak Khorramdin, the Azeri champion, and his followers had defeated the Arab army for about 22 years. It consists of a central hall and several rooms and other outbuildings.

تبریز، عمارت ایل گلی: این عمارت در ۷ کیلومتری تبریز، وسط استخر بزرگی واقع شده است. این عمارت در سال ۱۳۴۶ به علت فرسودگی تخریب شد، اما در سال ۱۳۴۹ به جای آن بنای زیبایی با همان طرح قبلی ساخته شد.

اهر، قلعه جمهور یا دژ بابک خرم دین: این قلعه در قرن سوم هجری (۲۲۳-۲۰۱ هجری) بر روی قله کوهی به ارتفاع ۲۶۰۰ متر ساخته شده و کلیه برج و باروهای مخروطی و استوانه ای و مدور آن با سنگ های تراشیده شده و ملاط ساروج به یکدیگر متصل گردیده است. این بنا شامل تالار مرکزی، چندین اتاق و تأسیسات مختلف دیگر بوده و محوطه ای که بارو و قصر بابک بر فراز آن ساخته شده است نزدیک به ده هزار متر مربع است.

آذربایجان شرقی ، اهر ، قلعه بابک خرمدین
E. Azerbaijan, Ahar, Babak Khorramdin Castle

آذربایجان شرقی ، اهر ، قلعه بابک خرمدین
E. Azerbaijan, Ahar, Babak Khorramdin Citadel

Tabriz, Kabud Mosque (Blue Mosque): This superb mosque was built under the patronage of Salehe Khatun, the daughter of Jahanshah Qara Qoyonlu. The main entrance displays an outstanding specimen of tile-work, with a blue-on-white inscription band of mosaic tile in *Riqa'* script. The entrance portal with its two minarets appears to have been connected with the main prayer hall (*Shabestan*) under the largest cupola of the mosque, by means of a vaulted corridor. In its present state, there remains nothing of this monument of considerable majesty except its portal, a number of piers, some slabs of marble and fragments of mosaic tile- works.

تبریز، مسجد کبود: این مسجد در زمان جهانشاه قره قویونلو در نیمه دوم قرن نهم هجری ساخته شده و بانی آن صالحه دختر جهانشاه است. آثار باقیمانده از بنا نشان دهنده عظمت و شکوه آن در گذشته بوده و سردر اصلی مسجد نمونۀ ممتازی از کاشیکاری عصر خود می باشد. بر سردر معرّق آن، کتیبه ای به خط رقاع در زمینه لاجوردی و سفید نصب شده که از عالی ترین نمونه های کامل معرق کاری دورۀ اسلامی به شمار می رود. دیوارهای مسجد با روکشی از سنگ های مرمر شفاف و کاشی معرّق نفیس تزیین شده و ساختمان سردر و دو منار آن دارای رواق گنبددار بوده که به شبستان اصلی مسجد، واقع در زیر گنبد بزرگ متصل می شده است. اکنون از این بنای عظیم و نفیس که در زمان خود از نظر معماری و معرّق کاری شاهکاری بی نظیر بوده، جز سردر و چند جرز، پایه های شبستان و سنگ های مرمر و قطعاتی از کاشی معرّق چیزی باقی نمانده است.

آذربایجان شرقی، تبریز، تزئینات داخلی مسجد کبود
E. Azerbaijan, Tabriz, interior decorations of the Kabud (Blue) Mosque

آذربایجان شرقی، تبریز، مقبرة الشعرا
E. Azerbaijan, Tabriz, Poets' Mausoleum

آذربایجان شرقی، اسکو، روستای کندوان
E. Azerbaijan, Oskou, Kandovan village

آذربایجان شرقی ، تبریز ، پارک ایل گلی

E. Azerbaijan, Tabriz, El Goli park

اردبیل، آرامگاه شیخ صفی
Ardebil, mausoleum of Sheikh Safi

Ardebil: the city of Ardebil in northwestern Iran, as the capital of the province, is on a plateau about 1500 m. (about 5000 ft) above sea level. Because of a healthful climate and the warm mineral springs in the vicinity, Ardebil was a favorite home of the rulers of Persia. Points of interest in the city include the tomb of Isma'il I, founder of the Safavid dynasty (1501-1722) of Persian shahs, and the home (now a Muslim shrine) of the Persian saint Safi-od Din.

Tomb of Sheikh Safi: The complex of structures known, at present, as Sheikh Safi's Mausoleum (14th-century) ranks among the finest historical achievement of Iranian art. The tombs are surrounded by finely engraved wood panels with extraordinarily delicate ivory and precious metal inlays.
Apart from the above structures, the construction of the main portal of the mausoleum and three domes decorated with exquisite faience tile give considerable charm and splendor to this attractive historical monument. The decorative elements of the complex, both internal and external, consist of paintings, plaster moldings, stuccos and gold-toned stalactite decorations.

اردبیل: استان اردبیل با مساحتی حدود ۱۷,۸۸۱ کیلومتر مربع از استان های نسبتاً جدید به شمار می رود و در شمال غربی ایران و شرق گیلان قرار گرفته است. ولی مرکز آن شهر اردبیل، از شهرهای قدیمی ایران بوده و تاریخچه آن به زمان اشکانیان بازمی گردد.
با آن که این استان از مناطق سردسیر کشور به حساب می آید، اما وجود کوه سبلان با ارتفاع ۴۸۱۱ متر و اراضی کم ارتفاع دشت مغان آب وهوای متنوعی را در استان اردبیل سبب شده است.
از مهمترین آثار دیدنی اردبیل می توان بقعه شیخ صفی الدین، دریاچه شورابیل، چشمه های آب گرم سرعین، دریاچه نئور و جاذبه های طبیعی گردنه حیران را برشمرد.

اردبیل، آرامگاه شیخ صفی الدین اردبیلی: ساختمان مقبرهٔ شیخ صفی الدین شامل برجی استوانه ای است که گنبدی کوتاه آن را کامل می کند. در زیر گنبد، نفیس ترین اثر بقعه، صندوق منبت مرقد قرار گرفته که در حاشیهٔ آن کتیبه ای به خط رقاع حک شده است.
مجموعهٔ بنای کنونی شامل سردر، حیاط بزرگ، رواق، مقبره شاه اسمعیل، چینی خانه، مسجد جنت سرا، خانقاه، چراغ خانه، چله خانه، شهیدگاه و متعلقات دیگر است که در حال حاضر در زمره زیباترین بناهای تاریخی و هنری ایران به شمار می رود.

اردبیل، عشایر سبلان، منطقه جبهه شمالی
Ardebil, Sabalan tribes, northern front region

اردبیل ، دریاچه سبلان
Ardebil, Sabalan Lake

نماز
خلاصه اسلام
است

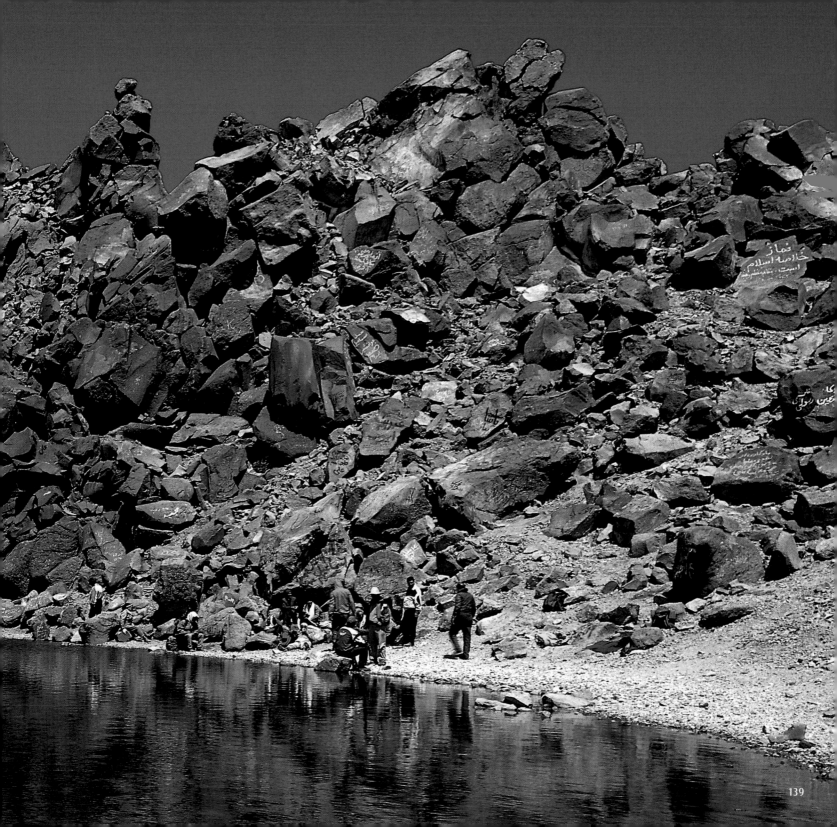

Mount Sabalan: Sabalan is Iran's second highest mountain peak 25 km. to the west of Ardebil. It is higher than Mount Blanc the Alpine massif on the French-Italian border, with many lakes and a volcanic crater, soaring high up to almost 4811 meters above sea level. Many hot mineral spas and cold water springs with effective healing properties originate from its slopes and attract millions of tourists to the region every year.

دامنه های سبلان: قله زیبای سبلان با ارتفاع ۴۸۱۱ از سطح دریا در غرب شهر اردبیل قد برافراشته و دامنه های سرسبز آن با ده ها چشمه آب معدنی هر ساله مسافران و کوهنوردان بسیاری را به سوی خود جذب می کند.

قله سبلان همانند دماوند آتشفشانی خاموش است که اکنون در دهانهٔ آن دریاچه زیبایی بوجود آمده است. نوک مخروطی قله در طول سال پوشیده از برف و دره ها و دامنه های حاصلخیز آن از رسوبات بسیار غنی انباشته است.

140

141

142

زنجان، گنبد سلطانیه
Zanjan, Soltaniyeh Cupola

Zanjan: Zanjan city in northwestern Iran, sitting in a valley of the Zagros Mountains, is a manufacturing and trade center. Its chief industries include refined zinc, metal-ware, cutlery, cooper-ware (wooden barrels and tubs), textiles, flour, milled rice, processed foods, carpets, cement, and bricks. The area is home to the early-14th-century mausoleum for the Mongol ruler Oljaitu, which is situated in the village of Soltaniyeh about 26 km. south-east of Zanjan.

Soltaniyeh Cupola: The huge historical edifice of the Soltaniyeh cupola, was constructed during the reign of Sultan Mohammad Khodabandeh, between the years (1283-1292 AD). The height of the building is about 51.54 meters above the ground level and it is about 24.40 meters in diameter. The main parts of the dome and of the whole structure are built of strong brick and the dome is decorated with turquoise, azure and blue colored mosaic tiles. On each of the eight sides of the dome, the remains of minarets decorated with the best quality mosaic tiles, are to be seen. The huge cupola of Soltaniyeh, the biggest dome in Islamic history, was repaired several times under the Safavid, Qajar and Pahlavi dynasties.

زنجان: استان زنجان در منطقه ای کوهستانی در جنوب رشته کوه های البرز و قافلانکوه واقع شده است. این استان مرتفع با آب و هوای نسبتاً مدیترانه ای و بارندگی مناسب، جایگاه ویژه ای از لحاظ کشاورزی و باغداری در کشور دارد.

استان زنجان از لحاظ تاریخی نیز دارای پیشینه ای طولانی بوده و بنای این شهر منسوب به اردشیر بابکان است که در دوره ارغون خان مغول و سلطان محمد خدابنده دوباره رو به آبادانی گذاشته است.

مرکز این استان شهر زنجان و شهرهای ابهر، خدابنده، طارم و سلطانیه از شهرهای مهم آن هستند.

برج سلطانیه: بنای عظیم گنبد سلطانیه در زمان سلطان محمد خدا بنده و در فاصله سال های ۷۱۳ - ۷۰۴ هجری قمری احداث شده است. سلطانیه در آن زمان در شمار یکی از مهمترین شهرهای تجاری و آباد ایران قرار داشت. گنبد مشهور سلطانیه گنبدی عظیم و تک جداره بوده و بدنه اصلی آن و تمام ساختمان با آجر محکم ساخته شده و روی گنبد را با کاشی های فیروزه ای و لاجوردی و آبی به شیوه معرق کاری تزیین کرده اند، در قسمت جنوبی گنبد آثار ساختمان مسجدی که محراب آن حاشیه گچبری دارد، دیده می شود. آجرکاری، گچبری سقف و تزیینات داخل و غرفه های فوقانی آن بسیار چشمگیر بوده و بر روی هر کدام از جرزهای هشت گانه گنبد آثار منارهایی که با زیباترین انواع معرق کاری مزین شده، باقی مانده است.

زنجان، گنبد سلطانیه مقبره خدابنده
Zanjan, Soltaniyeh Dome Tomb of Khodabandeh

قزوین، امامزاده شاهزاده حسین
Qazvin, Imamzadeh Shahzadeh Hosain

Qazvin: Qazvin, like Ardebil, Isfahan, Mashhad, Naishabour, Shiraz, and Soltaniyeh - was in its day (in the 16th century under the Safavid Tahmasb I) the capital of Iran. Not unduly hot in summer, its cold in winter is often severe. Under such climatic conditions, peasants are growing and producing pistachio, almonds, hazelnuts, grapes, apples, and walnuts.
It is said to have been founded by Shapur I who called it Shad-e Shapur (The Joy of Shapur). It was often ravaged by the Dailamites, an aggressive mountain tribe living in the Alborz mountains north of Qazvin; captured by the Arabs in AD 644, the city was later fortified as a base against the Dailamite raids. Qazvin has been devastated by earthquakes more than once, and what remains is only a shadow of its former splendor. It become the center of many modern agro-industrial complexes and universities after the victory of the Islamic Revolution.

Qazvin, Mausoleum of Shahzadeh Hosain: The holy mausoleum of Shahzadeh Hosain, son of the eighth Imam Reza, has a magnificent blue cupola preceded by a portal with six small minarets, in the best baroque style, belonging to the beginning of the Safavid period. The structure comprises a big octagonal domed building, a portico, a mirror-decorated *iwan*, ample mosaic and tile decorations, a vast courtyard and an arcade.
The latest date to be seen in the mausoleum, is 1546 AD, in the reign of Shah Tahmasb the Safavid, carved up on the doors of the portico and the harem.

قزوین: استان قزوین با مساحتی حدود ۱۵،۴۹۰ کیلومتر مربع از استان های کوچک ایران به شمار می رود. این استان در دامنه جنوبی رشته کوه البرز و در غرب استان تهران قرار دارد. مرکز این استان، شهر قزوین، از شهرهای باستانی ایران است که بنای آن را به شاپور ساسانی نسبت می دهند. از مناطق دیدنی این استان می توان به دریاچه اوان، چهلستون، امامزاده حسین و قلعه الموت اشاره کرد.

بقعه شاهزاده حسین (ع): بقعه شاهزاده حسین (ع) فرزند حضرت امام رضا (ع)، در وسط گورستانی واقع شده و متعلق به اوایل دوره صفوی است. این بنا شامل ساختمان هشت گوش بزرگ گنبددار، رواق، ایوان آینه کاری، تزیینات فراوان (کاشی، معرق و خشت)، صحن وسیع و تاق نماست. قدیمی ترین تاریخی که در این بقعه مشاهده می شود سال ۹۶۷ هجری قمری یعنی زمان شاه طهماسب صفوی است.

قزوین، عمارت کلاه فرنگی
Qazvin, Kolah Farangi edifice

Qazvin, Ali Qapu Portal: The only remaining parts of the lofty structure of Ali Qapu edifice in Qazvin are the portal and its azure mosaic-tile *Thulth* inscription by the famous calligrapher Ali-Reza Abbasi. According to the text of the inscription, the Ali Qapu palace counts as one of the important monuments dating from the reign of Shah Tahmasb I and Shah Abbas the Great.

سردر عالی قاپو: کاخ عالی قاپوی قزوین در روزگار خود از عمارت های بلند به شمار می رفته و مانند عالی قاپوی اصفهان شهرت به سزایی داشته است. متأسفانه امروز از این بنای زیبا فقط ساختمان سردر و کاشی معرق آن به جا مانده است. همچنین کتیبه ای به خط علیرضا عباسی بر روی کاشی لاجوردی نگاشته شده که از لحاظ خطاطی و رنگ آمیزی بسیار ارزنده است.

146

قزوین، بازار فرش
Qazvin, Carpet Bazaar

147

قزوین ، دریاچه اوان
Qazvin, Avan Lake

اصفهان، میدان نقش جهان
Isfahan, Naqsh-e Jahan Square

Isfahan: (ancient Aspadana), city in central Iran, capital of Isfahan Province, on the northern bank of the Zayandeh Rud river. Isfahan was renowned in former times for its architectural grandeur and the beauty of its public gardens. Most of the gardens and many of the edifices are now in ruins, but a number of imposing structures have been preserved or restored. Isfahan, chosen and designed capital under Shah Abbas I (1598 AD), was reconstituted with so many new mosques, fine palaces, and bridges (masterpieces of world architecture), avenues and parks that even European travelers wrote rapturously of its beauties.
In addition to being one of the finest art cities of the world and rich in history, Isfahan is also one of Iran's largest industrial, agricultural, and handicrafts production centers: Isfahan Steelworks started production in 1971. Farming is the chief occupation of the surrounding region in which cotton, grain, and tobacco are grown. It has long been known for its fine carpets, hand-printed textiles, and metalwork, chiefly filigree. It has modern textile mills, oil refineries, and power plants.

اصفهان: استان اصفهان با مساحتی حدود ۱۰۷,۰۲۷ کیلومتر مربع ششمین استان پهناور ایران و از لحاظ جمعیت سومین استان ایران به شمار می رود. استان اصفهان در مجاورت "دشت کویر" و دارای آب و هوای نیمه صحرایی و در مناطقی گرم و خشک است. با این حال حضور پرخروش زاینده رود چهره سرسبزی به این استان داده و در مسیر پربرکت خود زمین های مزروعی و باغ های بسیاری را سیراب و زیبایی شهر اصفهان را دو چندان کرده است.
شهر اصفهان مرکز این استان دارای سابقه تاریخی طولانی بوده، اما در دوره صفوی و در زمان شاه عباس به اوج رونق خود رسیده است. آثار به جای مانده از آن دوران و صنایع دستی مشهور این استان هرساله صدها هزار مسافر و جهانگرد را به سوی اصفهان می کشاند.
استان اصفهان درعین حفظ ارزش های گردشگری، یکی از قطب های صنعتی ایران نیز به شمار می رود.
از دیدنی ترین نقاط این شهر، می توان میدان نقش جهان، بازار هنر، مسجد امام، مسجد شیخ لطف الله، چهلستون و عالی قاپو را نام برد. همچنین در اکثر شهرهای این استان مانند آران و بیدگل، کاشان، نطنز، شاهین شهر، لنجان و اردستان اماکن تاریخی و گردشگری دیگری وجود دارد.

اصفهان ، میدان نقش جهان ، مسجد شیخ لطف الله
Isfahan, Naqsh-e Jahan Square, Sheikh Lotfollah Mosque

150

اصفهان، سی و سه پل
Isfahan, Sio Seh Pol Bridge

Sio Seh Pol Bridge: This bridge, built on the Zayandeh Rud river at the southern extremity of Chahar Bagh avenue has 33 spans and its construction, started in (1602 AD) by order of Shah Abba I, was completed by Allahverdi Khan, one of the Shah's generals who had been appointed for the purpose, hence its second appellation. The bridge is 300 meters long and 14 meters wide.

Sheikh Lotfollah Mosque: Immediately opposite the Royal Palace of Ali Qapu stands one of the loveliest mosques in Iran: the Sheikh Lotfallah Mosque. It was started in 1602 by Shah Abbas I, replacing an older mosque, for his father-in-law, and it was thereafter used as the royal mosque until the Imam Mosque was built. The domed ceiling contains the finest faience tile-work of seventeenth-century Iran, arching like a heavenly carpet over the sanctuary showered with soft light filtered through double grille windows. The effect is highlighted by the intricacy of the tile-work panels on the exterior, and the offsetting of the dome, necessary for the correct orientation of the prayer chamber, also rouses the visitor's curiosity.

سی و سه پل: سی و سه پل یا پل "الله وردیخان" از شاهکارهای معماری دوره صفوی به شمار می‌رود. این پل به دستور شاه عباس و با هزینه و نظارت الله وردیخان سردار معروف شاه عباس ساخته شد. این پل آجری ۳۰۰ متر طول و ۱۴ متر عرض دارد و در انتهای خیابان چهارباغ، بر روی زاینده رود بنا شده است.

مسجد شیخ لطف الله: بی تردید مسجد شیخ لطف الله یکی از شاهکارهای هنر کاشیکاری و معماری از قرن یازدهم تا به امروز است. گنبد زیبای مسجد با زمینه طلایی و پیچش‌ها و طرح‌های لاجوردی بر روی آن حقیقتاً چون گوهری بر زمینه آبی آسمان می‌درخشد. کاشیکاری داخل سقف نیز با طرح لوزی‌های لاجوردی بر روی سطح زرد طلایی، اثری جاودانه و بی نظیر ایجاد کرده است.

اصفهان، زاینده رود با دورنمایی از سی و سه پل
Isfahan, Zayandeh Rud river with a view of Sio Seh Pol Bridge

اصفهان، میدان نقش جهان، عمارت عالی قاپو
Isfahan, Naqsh-e Jahan Square, Ali Qapu pavilion

154

Ali Qapu Pavilion: The palace of Ali Qapu is on the western side of Naqsh-e Jahan (Imam) Square, built on the order of Shah Abbas I in the (17th cent. AD). The original palace had been squat; Shah Abbas raised it by three stories and extended it to provide the great covered balcony commanding a view of the Maidan. The interior consists of an imposing portal and a six-storied edifice, each storey being lavishly ornamented with plaster sculptures and fine wall paintings.

The *iwa*n on the third storey has 18 columns, a carved panel ceiling, and a large copper basin. It belongs to the reign of Shah Abbas II. The interior surface of the palace walls and all the halls and chambers are richly decorated with frescoes of floral and arabesque motifs.

The sixth storey possesses the largest hall of the palace and was allocated for the Shah's official receptions or pleasure hours when musicians and singers of high repute assembled there to entertain the sovereign and his guests or favorites. A frieze of verses running along the upper part of the walls of this hall indicates the *iwan* was constructed in the reign of the Safavid Shah Sultan Hosain. The sculptured plaster decorations of the walls of this storey are extremely beautiful. There have been various repairs in the 20th century including iron girdling of the defective parts of the walls, renovation of frescoes inside the palace and tile-work reparations in the exterior and around corner-pieces. The palace possesses two spiral staircases.

Isfahan, Jame' Mosque: The Jame' Mosque, a world cultural heritage, a historical concise book, is a witness of the passage of time. In its meandrous vestibules and prayer halls, the mosque had registered on its inscriptions the name of several men and women kings, rulers, viziers, and artists. One of the Friday Mosque's treasures is this exquisite stucco *mihrab* commissioned by Sultan Mohammad Khodabandeh, Mohammad Savi, in 1310. The *mihrab* stands at one end of a hall with tiled grilles on the courtyard side through which lozenges of light pour across the brick floor. Two carved wooden *minbars* or pulpits dating from the Safavid period flank the prayer niche. Arabesques, interlacing vines and calligraphy, leaves and lotus flowers are delicately incised upon the golden stucco surface of this inspired *mihrab*.

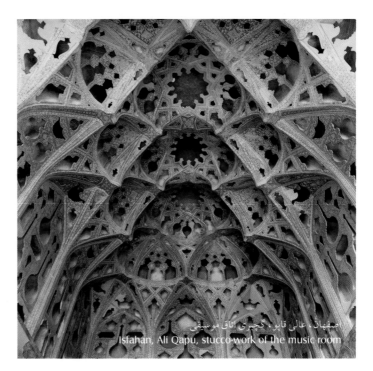

اصفهان، عالی قاپو، گچبری اتاق موسیقی
Isfahan, Ali Qapu, stucco-work of the music room

کاخ عالی قاپو: عمارت عالی قاپو در غرب میدان نقش جهان و در مقابل مسجد شیخ لطف الله قرار دارد. ارتفاع این بنا ۴۸ متر و دارای شش طبقه و جلو خان است که هر طبقه با تزئینات، گچ بری و نقاشی خاص خود مزین شده است. ایوان زیبای کاخ که رو به میدان قرار دارد با ۱۸ ستون چوبی استحکام بخشیده شده و وجود یک حوض مرمرین با روکش مسی فضای دلنشینی را در کنار چشم انداز میدان و شهر ایجاد کرده است.

در طبقه دیگر گچ بری های زیبای اتاق موسیقی یادآور گچ بری چینی خانه در مقبره شیخ صفی الدین اردبیلی است. این طبقات با دو راه پله مارپیچ با عرض کم و یک راه پله معمولی برای میهمانان به هم مربوط می شده اند.

مسجد جامع اصفهان: مسجد جامع اصفهان چون کتاب تاریخی مفصل، شاهدی بر گذر زمان است. این بنای تاریخی در پیچ پیچ راهروها و شبستان های خود نام پادشاهان، فرمانداران، وزرا، هنرمندان و بانیان متعددی، اعم از زن و مرد، را بر کتیبه های خود ثبت کرده است. محراب گچبری بسیار نفیس این مسجد، یکی از ارزنده ترین آثار هنری ایران به شمار می رود که به فرمان وزیر ایرانی سلطان محمد خدابنده، محمد ساوی، به سال ۷۱۰ هجری قمری (۱۳۱۰ میلادی) ساخته شده است. محراب در انتهای شبستان قرار دارد و تابش نور از روزنه های مشبک و نورگیرهای مرمرین سقف، منظره ای بدیع و رنگارنگ در شبستان پدید می آورد. دو منبر چوبی منبت کاری متعلق به دوران صفوی در دو طرف محراب قرار دارد. ظرافت گچبری ها، نازک کاری ها و طرحهای شگرف اسلیمی و ختایی این محراب را به صورت یکی از شاهکارهای مسلم هنری در آورده است.

اصفهان، کوچه مجاور مسجد جامع
Isfahan, an alley close to the Jame' Mosque

کاشان، کویر مرنجاب
Kashan, Maranjab Kevir

Kashan: a city in central Iran, is located in Isfahan Province. It is noted for its fine carpets. Woolen and silk goods, brass and copper work, and jewelry are also produced in Kashan. The city dates from ancient times and was formerly important as a site along the caravan route from Kerman to Isfahan.

Boroujerdiha Old Residence: The present premises of Kashan Cultural Heritage Department, the Boroujerdiha Old Residence was built nearly 130 years ago by a famous merchant named Haj Seyed Ja'far Boroujerdi. The construction date (1293 AH) can still be seen on the covered inscription of the building. Provision of well-proportioned spaces, nicely-designed *bad-girs* (wind towers) to fit the building, particularly paintings by the famous Iranian painter Kamal-ol Molk Ghaffari, have served to convert it to an art masterpiece in itself.

شهرستان کاشان: کاشان با مساحتی حدود ۱۰,۳۱۰ کیلومتر مربع یکی از مراکز مهم گردشگری استان اصفهان به شمار می رود. با آن که کاشان در جوار کویر مرکزی ایران قراردارد، آثار تاریخی به جا مانده نشان دهنده آن است که این منطقه همواره در طی قرون مسکونی، فعال و زنده بوده است. آثاری چون تپه سیلک و آتشکده نیاسر که متعلق به قبل از اسلام و باغ فین، مسجد آقابزرگ، خانه بروجردی ها و خانه طباطبائی که متعلق به دوران بعد از اسلام است، هر ساله هزاران نفر را به دیدار از کاشان ترغیب می کند.

خانه بروجردی ها: این عمارت در سال ۱۲۹۲ هـ.ق. در طول ۱۸ سال به دست حاج سید جعفر نطنزی که از تجار کاشان بود، ساخته شد. این ساختمان باشکوه با بادگیرهای بی نظیر خود، از شاهکارهای معماری کاشان به شمار می رود. گچبری های زیبا، حیاط دلباز، شیوه به کارگیری بادگیرها و نورگیرها با توجه به موقعیت جغرافیایی کاشان، این بنا را در صدر بهترین بناهای مسکونی دو قرن اخیر در ایران قرار داده است.

كاشان، كوير مرنجاب
Kashan, Maranjab Kevir

اصفهان، کاشان، سقف خانه بروجردی‌ها
Isfahan, Kashan, ceiling of the Boroujerdiha residence

بازار کاشان، تیمچه امین‌الدوله

Kashan Bazaar, Amin-od Dowleh Timcheh (arcade)

کاشان، امامزاده شاهزاده ابراهیم
Kashan, Imamzadeh Shahzadeh Ibrahim

آران و بیدگل، امامزاده هلال ابن علی
Aran & Bidgol, mausoleum of Helal Ibn Ali

Abyaneh Village: is an ancient village near Kashan, remarkable for the red earth that gives its buildings their fiery tones. Here every roof is your neighbor's front yard, giving inhabitants a peculiar combination of privacy and intimacy. The town's unique architecture and its inhabitants' traditional costumes and earthen pottery are all traditions going back over two thousand years.

ابیانه: روستای ابیانه، یکی از معروف ترین و خوش آب و هواترین روستاهای استان اصفهان، در دامنه کوه کرکس و نزدیک شهر نطنز قرار دارد. معماری خاص این روستا و علاقه مردم به حفظ آداب و رسوم قدیمی و لباس های سنتی و زیبای ابیانه، این روستا را به عنوان یکی از دیدنی ترین روستاهای اصفهان مطرح کرده است.

کاشان، لباس محلی زنان روستای ابیانه
Kashan, Abyaneh village, women's traditional dress

كاشان، ابيانه
Kashan, Abyaneh village

كاشان، صنايع دستى ابيانه

Kashan, handicrafts of the Abyaneh village

کاشان، نطنز
Kashan, Natanz township